Ernst Wrba

Rheinland-Pfalz

Radeln für die Seele auf alten Bahntrassen

AF635013

Droste Verlag

ALLE TOUREN AUF EINEN BLICK

Schuld im Ahrtal

Maare-Mosel-Radweg bei Daun

Liebe Leser und Genussradler,

entspanntes Radeln durch die Berge von Eifel, Hunsrück und Nordpfälzer Wald ohne schweißtreibende Anstiege zu aussichtsreichen Höhen: Es wäre kaum anders möglich als auf Radwegen der ehemaligen Bahntrassen. Da die guten alten Dampfeisenbahnen keine größeren Steigungen als etwa drei Prozent bewältigen konnten, wurden die Trassen entsprechend eben angelegt. Dafür mussten Brücken errichtet und Tunnel gegraben werden. Den großen Anstrengungen unserer Vorfahren verdanken wir, dass wir heute ohne große Mühen durch die Mittelgebirge von Rheinland-Pfalz radeln können.

Manchmal fehlt ein jedoch ein Stück Trasse, weil es durch Privatisierung der Öffentlichkeit nicht mehr zugänglich ist oder weil baufällige Brücken ohne Ersatz entfernt wurden. Wenn Sie die Trasse verlassen müssen, finden Sie klare Wegbeschreibungen im Buch. Sie können auch die GPS-Daten als GPX-Dateien kostenlos von der Internetseite des Droste Verlags auf Ihr Smartphone herunterladen.

Da alle Touren über befestigte und großenteils asphaltierte Wege führen, sind sie jederzeit befahrbar. Am schönsten ist es natürlich von Ende April, wo sich das schönste Frühlingsgrün zeigt, bis hin zum legendären goldenen Oktober. Im Sommer sollte man bei den Touren, die durch Tunnel führen, an eine Softshelljacke denken, da die Temperaturen in den Röhren meist im einstelligen Bereich liegen.

Ich wünsche Ihnen beim Radeln viel Freude und Entspannung durch das wunderschöne Rheinland-Pfalz

Ihr Ernst Wrba

NATUR-INFO

KULTUR-INFO

TOUREN-/EVENT-INFO

GENUSS-INFO

- 27 Kilometer
- 125 Höhenmeter
- 3 Stunden
- Streckentour

Die Our

Naturidylle pur

Vom Prümtal zur belgischen Eifel

Die vor uns liegende Tour wird uns vor allem im ersten Drittel fernab von Ortschaften durch die idyllischen Auen und Wälder führen und deshalb keine Einkehrmöglichkeiten bereithalten, bis wir nach gut 10 Kilometern Bleialf erreichen. Das nächste Lokal erwartet uns dann erst in St. Vith am Ende der Tour. Deshalb lohnt es sich, Zutaten für ein Picknick einzupacken, um die Auszeit in der Natur in vollen Zügen genießen zu können.

Wir starten vom kleinen Parkplatz auf dem ehemaligen Bahnhofsareal von Pronsfeld, über das der Radweg von Prüm führt, fahren nach links und kommen gleich an einem kleinen Rastplatz mit E-Bike-Ladestation vorbei, wo sich das kleine **Eisenbahnmuseum Pronsfeld** (1) befindet. Auf wenigen Metern Gleisen stehen eine schön rot gestrichene Rangierlok und zwei Waggons zusammen mit ein paar Signalen und alten Schildern aus der Zeit, als hier noch Züge verkehrten.

Nach dem Museum überqueren wir die **Hauptstraße** und halten uns an der gegenüberliegenden Gabelung ganz rechts Richtung St. Vith. Links des Weges plätschert der Alfbach durch sein grünes Bett, bevor er ganz in der Nähe in die Prüm mündet. Er wird uns bis Bleialf, wo er dann tief unterhalb im Tal fließen wird, begleiten. Wir überqueren die Landstraße **L 16,** die aus Pronsfeld herausführt, fahren geradeaus auf dem **Alferweg** parallel zur noch erkennbaren Bahntrasse an den letzten Wohnhäusern Pronsfelds vorbei, um dann den Ort hinter uns zu lassen. Hier leitet uns die Wegführung zurück auf den Bahndamm.

1886 wurde der zweite Abschnitt der Westeifelbahn von Prüm über Pronsfeld bis St. Vith eröffnet. Nach dem Krieg bis 1999 wurde die Bahnlinie abschnittsweise stillgelegt, der Radweg in seiner heutigen Form 2007 freigegeben.

Für die Seele

Schier unendliche Naturidylle ohne Straßen, Orte und Industrie. Nur Stille und das Singen der Vögel begleiten uns.

Nun sind wir schon mittendrin im Naturschutzgebiet der unberührten Talaue des Alfbachs, der hier noch ungeregelt fließen kann, gesäumt von Weiden und Erlen, Schilf und Sumpfwiesen. In den feuchten Bereichen blühen riesige Exemplare des schönen, aber hochgiftigen Riesen-Bärenklaus. Das Tal wird zu beiden Seiten von Nadelwäldern gerahmt. Der Radweg ist der einzige Verkehrsweg, der hier durch die Natur führt, keine Straße oder Bahnlinie weit und breit ist zu sehen oder zu hören. Wir gleiten weiter über die perfekt asphaltierte Oberfläche des hier noch geraden und fast ebenen Weges.

Bei einer Wegkreuzung fällt auf, dass der Bach hier etwas gestaut ist. Das liegt aber nicht am kreuzenden Weg, sondern ist den Aktivitäten eines Biebers zu verdanken, der hier lebt und zu dessen Ehre sogar eine Infotafel aufgestellt wurde. Wir halten kurz, um nach dem fleißigen Nager Ausschau zu halten und die unglaublich beruhigende Stille zu genießen, die hier herrscht und die das Singen der Vögel umso lauter klingen lässt.

Kurz vor der einsam daliegenden Habscheider Mühle kreuzen wir den Bach auf einer breiten Brücke, die noch Platz für eine Ruhebank bietet. Ab hier wird sich der Alfbach rechts des Weges bis auf die Höhe von Bleialf durch das grüne Tal schlängeln. Der Radweg mündet auf einer kurzen Steigung in die Zufahrstraße der Mühle, der wir etwa 1 Kilometer folgen, um die Straße geradeaus wieder zu verlassen und die Fahrt auf dem Bahntrassenweg fortzusetzen. Der führt nun

Bleialf kam durch reiche Blei- und Kupfervorkommen im 15. Jahrhundert zu Wohlstand, was die prächtige Kirche Mariä Himmelfahrt beweist. Ihre 1980 freigelegten Fresken sind um 1500 entstanden und zählen zu den ältesten und bedeutendsten Europas.

auf die vor uns liegende, hoch das Tal überquerende Autobahnbrücke der **A 60** zu.

Hinter der Brücke steigt der Weg recht kurz steil an und führt dann in einen Wald hinein. Wir erkennen nicht zuletzt aufgrund der starken Steigung, dass wir hier nicht auf der alten Bahntrasse sein können. Diese entdecken wir aber wenig später im Wald im Unterholz rechts von uns. Wenig später verlassen wir den Wald, und der Weg führt entlang eines Feldes, biegt vor dem nächsten Waldstück leicht nach rechts und verläuft auf der ursprünglichen Bahntrasse weiter.

Rechts haben wir über das Alfbachtal hinweg einen wunderschönen Blick auf den Talhang mit Büschen und Bäumen, grasenden Rindern und als krönenden Abschluss ein Gehöft auf der Anhöhe. Auch hier stört kein Zivilisationsgeräusch die romantische Stimmung, die sehr an die Gemälde Caspar David Friedrichs erinnert. Gleich darauf wird der Ausblick wieder vom dichten Tannenwald zu unserer Rechten versperrt.

Bleialf

Sobald sich der Wald wieder lichtet, sehen wir vor uns auf einem Höhenrücken malerisch daliegend das Örtchen Bleialf mit seiner trutzigen Kirche. Vor dem modernen Gebäude einer Möbelschreinerei, das sich in einem kleinen Gewerbegebiet auf dem ehemaligen Bahngelände befindet, müssen wir die Bahntrasse nach rechts verlassen. Nach etwa 500 Metern erreichen wir das schmucke Bahnhofsgebäude, in dem nun das **Restaurant Weltenbummler** ❷ seine Gäste auf einer schönen Terrasse bewirtet. Wenn man zu den Öffnungszeiten ankommt, kann man sich im einzigen Lokal direkt an der Strecke vor dem Zielbahnhof für den Anstieg belohnen. E-Biker können währenddessen ihren Akku an der öffentlichen Ladestation vor dem Lokal laden.

St. Marien Bleialf

Wenn man Lust hat, kann man sich von hier einen Abstecher von 1,4 Kilometer über die Straße in die Ortsmitte von Bleialf gestatten, wo außer dem **Hotel Restaurant Zwicker** ❸ als einer weiteren Möglichkeit zur Einkehr noch zwei Sehenswürdigkeiten warten. Auf dem höchsten Punkt im Ort thront die von Weitem schon gesehene trutzige mittelalterliche Kirche **Mariä Himmelfahrt** ❹ die besonders wegen ihres Renaissancealtars und ihrer Fresken einen Besuch wert ist. Für Interessierte ein echtes Muss! Wer weniger hoch hinauf und stattdessen unter Tage fahren möchte, dem sei das Besucherbergwerk **Grube Neue Hoffnung** ❺ empfohlen.

Am Bahnhofsgebäude überqueren wir die Bahnhofstraße und fahren auf dem unscheinbaren, aber ausgeschilderten Radweg in den Wald hinein und erreichen nach etwa 100 Metern die Einfahrt des **Bleialfer Tunnels** ❻. Er führt gut beleuchtet auf einer Länge von 400 Metern in einer Linkskurve durch den Himmelsberg. Unabhängig von der Außentemperatur wird es mit jedem Meter nach der Tunneleinfahrt deutlich kälter, weshalb man besser eine Softshelljacke anziehen sollte.

Auffallend am Bleialfer Tunnel ist die Tunnelöffnung mit dem Tor und den Lüftungsöffnungen darüber. Der Tunnel bleibt vom 1. November bis 31. März zum Schutz der Fledermäuse geschlossen, denn seit der Stilllegung der Bahnlinie beziehen sie hier ihr Winterquartier.

Nach dem Tunnelende geht es deutlich bergab. Auf langer gerader Strecke rauschen wir entlang eines bewaldeten Berghangs entspannt talwärts. Rechts unten fließt der Ihrenbach, der dem unbebauten, ruhigen und grünen Tal seinen Namen gibt. Auch hier ist wieder keine Straße zu sehen, die den Eindruck der perfekten Naturidylle stören könnte. Lediglich etwas weiter unten im Tal kann man bei ungünstiger Windrichtung das Rauschen der sich kurz nähernden **A 60** hören.

Unten im Tal angekommen, überqueren wir den Ihrenbach über eine Brücke. Lange fahren wir dann rechts neben dem Fluss entlang, sehen, wie sich sein Lauf durch sumpfige Wiesen windet, bis wir wieder an eine Stelle kommen, an der ein Bieber sein Staudammprojekt fertiggestellt hat und einen kleinen See entstehen ließ. Wir halten an, um die Szenerie auf uns wirken zu lassen. Den Biber sehen wir wahrscheinlich nicht, aber die vielen unterschiedlichen seltenen Pflanzen und Blumen, die sich hier im von der Natur und dem Bieber geschaffenen Biotop angesiedelt haben.

Bei der kleinen Gemeinde Ihren umfahren wir das **gelbe Gebäude mit der Adresse Bahnhof 3** rechtsherum, um danach wieder auf die Bahntrasse zu stoßen. Nach Überquerung einer kleinen Straße zwischen Steinebrück und Urb endet unsere Fahrt entlang des Ihrenbachs, der hier in die Our mündet, den Grenzfluss zwischen Deutschland und Belgien. Über eine kleine Brücke überqueren wir den kleinen Fluss und die deutsch-belgische Grenze. Unmittelbar danach biegen wir links auf einen asphaltierten Weg ab und sehen in der Ferne die Betonbrücke der **A 60,** wie sie das Tal der Our überquert.

Ein gutes Stück davor halten wir an einer Infotafel, die die bewegte Geschichte des Bahnhofs von Steinebrück seit dem Ersten Weltkrieg erzählt. Es ist kaum mehr erkennbar, dass es das Gebäude einmal gegeben hat. Auf der Bahnlinie wurde nach 1945 der Personenverkehr eingestellt. 1960 wurde die Strecke schließlich ganz stillgelegt.

Wenig später überqueren wir über eine grün markierte Fahrradspur die belgische Nationalstraße **N 646** direkt an der ehemaligen Grenzstation, lassen danach die **Autobahnbrücke der A 60** und die Zivilisation hinter uns und finden uns gleich in grüner Natur wieder. Ein Schild bittet uns, auf die Feuersalamander zu achten, die unsere Fahrbahn queren. Nach etwa 1,4 Kilometer erreichen wir mitten im grünen Tal einen Rastplatz auf einem offensichtlich ehemaligen Bahnhofsgelände. Diesmal fragen wir uns, wo hier wohl der Ort dazu sein mag. Eine der Infotafeln gibt dazu Auskunft und erzählt die an Schilda erinnernde Geschichte. Die Gemeinde Lommersweiler, zu der der Bahnhof gehörte und die nördlich hinter dem Hügel liegt, hatte keinen Zufahrtsweg zum Bahnhof. Die Züge hielten zwar hier, doch konnte niemand zusteigen oder Güter aufgeben. Der Zustand änderte sich erst drei Jahre später, als 1892 die Kreisbehörde die Bahnverwaltung verurteilte, einen Verbindungsweg zwischen Dorf und Bahnhof zu schaffen.

Heuhaufen bei St. Vith

Wenig später fahren wir durch einen relativ kurzen **Tunnel.** Bei der Ausfahrt sehen wir von einer Brücke aus rechts neben uns eine zweite Brücke über einen Bach, die zu einer zweiten stillgelegten Tunnelröhre gehört. 1909 wurde nämlich die bis dahin eingleisige Strecke zu einer zweigleisigen erweitert.

Schließlich verlässt unser Radweg den Bahndamm, und wir erreichen über den **Vennbahnweg** das Örtchen Neidingen, wo wir uns rechts halten. Die Strecke ist gut ausgeschildert, wir folgen stets den blauen Wegweisern Richtung St. Vith. Zunächst fahren wir weiter auf einem kleinen **Landsträßchen.** Kurz vor der **Autobahnbrücke der E 42** (der weitere Verlauf der A 60, der wir schon mehrfach begegnet sind) führt die Landstraße nach rechts, während wir geradeaus auf einen Radweg fahren und die Brücke unterqueren.

Im belgischen Kanton St. Vith wird weder flämisch noch französisch gesprochen, sondern der Eifeler Dialekt Moselfränkisch. Bis zum Ende des Ersten Weltkriegs gehörte die Region zum deutschen Reich, und kam durch die Versailler Verträge an Belgien.

Danach stoßen wir in Wiesenbach auf die recht stark befahrene Straße **N 646,** auf die wir nach links abbiegen. Achtung, der kleine beschilderte Weg, der nach etwa 200 Metern rechts abzweigt, ist leicht zu übersehen. Über wechselnde Wege und kleine Sträßchen geht es immer weiter den Schildern folgend gen St. Vith. Ab dem Wiesenbacher Gleisdreieck, von dem außer einer Infotafel nichts mehr zu erkennen ist, fahren wir nun die letzten paar Hundert Meter auf der Bahntrasse nach St. Vith. Nach einem kurzen Tunnel unter einer querenden Straße erreichen wir das ehemalige Bahnhofsgelände. Wir sind an der Endstation sowohl der ursprünglichen Bahnlinie als auch unserer Tour angekommen. Im **Café Trottinette Biergarten** 7 kann man den Ausflug ausklingen lassen.

St. Vith

Die Westeifelbahn

Die heute komplett stillgelegte Strecke der Westeifelbahn, auch Prümtalbahn genannt, zweigte in Gerolstein als Nebenbahn von der Eifelstrecke westwärts ab. Sie führte über Prüm und Pronsfeld, wo zwei Stichstrecken nach Neuerburg und Waxweiler abgingen, über Bleialf ins heute belgische St. Vith. Im Dezember 1883 wurde der erste Abschnitt von Gerolstein nach Prüm in Betrieb genommen. Drei Jahre später wurde der nächste Streckenabschnitt bis Bleialf eröffnet und weitere zwei Jahre danach endete die Bahnlinie in St. Vith. Obwohl die Strecke im Zweiten Weltkrieg durch die sich zurückziehenden deutschen Truppen weitgehend zerstört wurde, konnte der Abschnitt Gerolstein–Prüm schon 1948 wieder in Betrieb genommen werden. 1949 fuhren die Züge wieder bis Ihren, wo die Strecke vor der belgischen Strecke endete. Bereits 1966 wurde der Abschnitt von Pronsfeld nach Ihren stillgelegt. Zwischen Prüm und Pronsfeld verkehrten die letzten Personenzüge 1972, zwischen Gerolstein und Prüm wurde der Personenverkehr 1980 eingestellt. Mit der Eröffnung des Bleialfer Tunnels am 17. Mai 2007 wurde die gesamte Bahntrasse zwischen Prüm und St. Vith als Radweg freigegeben.

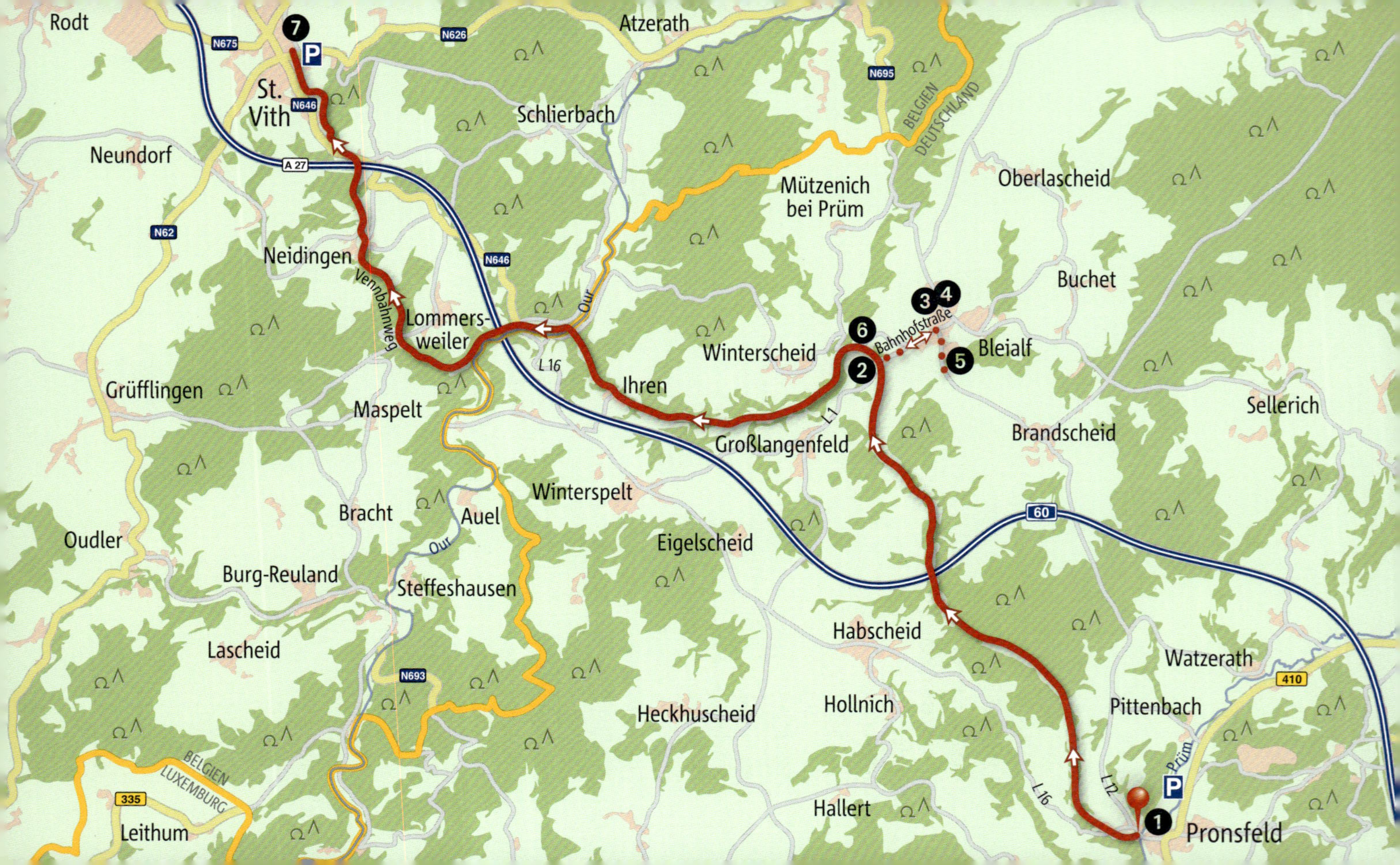
Rodt
Atzerath
St. Vith
Schlierbach
Neundorf
Mützenich bei Prüm
Oberlascheid
Neidingen
Vennbahnweg
Buchet
Lommers-weiler
Bahnhofstraße
Winterscheid
Bleialf
Grüfflingen
Ihren
Maspelt
Großlangenfeld
Sellerich
Brandscheid
Winterspelt
Bracht
Auel
Oudler
Eigelscheid
Burg-Reuland
Steffeshausen
Our
Habscheid
Lascheid
Watzerath
Pittenbach
Heckhuscheid
Hollnich
Prüm
Hallert
Leithum
Pronsfeld
BELGIEN
DEUTSCHLAND
LUXEMBURG
N675
N626
N695
N646
A 27
N62
L 16
L 1
60
N693
410
L 12
335

Entspannung ✱✱✱✱✱
Genuss ✱✱✱✱✱
Romantik ✱✱✱✱✱

WIE & WANN:
Abschnitt der Westeifelbahn und des Eifel-Ardennen-Radwegs von Pronsfeld nach St. Vith (B), fast durchgehend autofrei und asphaltiert. Zwei Steigungsstrecken, eine Talfahrt. Fahrradbus Linie 465 erspart von Sankt Vith auf der Rückfahrt lange Steigungsstrecke nach Bleialf (Info und Reservierung unter www.radbusse.de)
Ganzjährig befahrbar, beste Radelzeit Mai bis Oktober

HIN & WEG:
Auto: Parkplatz, Bahnhofstraße, 54597 Pronsfeld (GPS: 50.1622, 6.33534)
ÖPNV: Fahrradbus Linie 465 Prüm - Bleialf - Sankt Vith

ESSEN & ENTSPANNEN:
Restaurant Weltenbummler ❷ Bahnhofstraße 52, 54608 Bleialf, Tel. (0 65 55) 9 01 92 22, www.restaurant-weltenbummler.com
Hotel Restaurant Zwicker ❸ Am Markt 2, 54608 Bleialf, Tel. (0 65 55) 9 20 00, www.zwicker-bleialf.de
Café Trottinette Biergarten ❼ Vennbahnstraße 2, B-4780 Sankt Vith, Tel. (+32) (0 80) 440 320, www.triangel.com/raeumlichkeiten/cafe-trottinette

ENTDECKEN & ERLEBEN:
Eisenbahnmuseum Pronsfeld ❶ Bahnhofstraße, 54597 Pronsfeld
Sankt-Mariä-Himmelfahrt-Kirche ❹ Auwerstraße 1, 54608 Bleialf
Grube Neue Hoffnung ❺ Hamburg 1, 54608 Bleialf, Tel. (0 65 55) 12 27, www.besucherbergwerk.bleialf.org
Bleialfer Tunnel ❻

* 41 Kilometer
* 295 Höhenmeter
* 4 Stunden
* Rundtour

Ellerbachtal

Burgenrunde

Zwei Strecken im Soonwald

Die Kleinbahn-Radrunde starten wir in Bad Kreuznach vom Parkplatz auf dem Messegelände Pfingstwiese in der Nähe des früheren Bahnhofs Kreuznach Stadt, der Ausgangsort der Kleinbahn war. Eine eigene Bahntrasse, auf der wir ab hier radeln könnten, gab es im Stadtgebiet nicht, da die Bahn auf der Straße fuhr, ähnlich einer Straßenbahn. Am südwestlichen Ende des Geländes unterqueren wir die **Landfuhrbrücke** am Ufer der Nahe und folgen dem Weg entlang des Flusses bis zur nächsten Brücke, hinter der wir uns schon in der Altstadt am **Fischerplatz** befinden.

Nach 150 Metern biegen wir vor einer Gartenmauer rechts in ein ganz schmales Gässchen ein. Vor der Kirche fahren wir wieder links und dann auf das Café Crema zu. Rechts davon in der Fußgängerzone ist ein kleines **Kneipenviertel** ❶ mit Tischen und Stühlen auf der Straße. Hier könnten wir nach der Radtour einkehren. Oder vielleicht lieber in der **Fritz Schirmbar** ❷ an der **Alten Nahebrücke** ❸ mit Blick auf die Brückenhäuser? Mal sehen. Jetzt fahren wir erst mal am Café links vorbei geradeaus durch die **Gerbergasse**, die wir an einer Gabelung nach links in die **Van-Recum-Straße** verlassen. An der nächsten Kreuzung biegen wir links ab und folgen dem Verlauf der **Dessauer Straße** bis zu einer Linkskurve, wo wir geradeaus weiter auf den **Mühlweg** fahren, den Ellerbach links von uns.

Vor einem Sackgassenschild fahren wir rechts und biegen danach sofort wieder links in die **Hermannstraße** ab, die als Fahrradstraße gekennzeichnet ist. Hier befinden wir uns nun auf der ehemaligen Bahn-

Wahrzeichen Bad Kreuznachs ist die Alte Nahebrücke mit den Brückenhäusern. Die steinerne Brücke, die die Nahe und den Mühlenkanal überspannt, wurde um 1300 erbaut. Im 15. Jahrhundert wurden aus Platzgründen die Fachwerkhäuser auf der Brücke errichtet.

trasse. Am Ende der Straße überqueren wir auf einer Fußgängerbrücke den Gräfenbach. Nach der Überquerung der **Industriestraße** fahren wir zunächst geradeaus weiter, um an der nächsten Kreuzung links Richtung Schwimmbad abzubiegen. Weiter geht es geradeaus durch eine Wohngegend am Rande von Rüdesheim. Am Ende der Straße **Im Wiesengrunde** biegen wir links und unmittelbar danach wieder rechts in einen Weg ab.

Das Ortsende von Rüdesheim haben wir am DRK Seniorenzentrum rechts von uns erreicht. Auf der rechten Seite folgen nun weite Felder, während links von uns der Ellerbach unter einem grünen Dach von Bäumen plätschert. An der **B 41,** die wir kurz vor Weinsheim unterqueren, ist erst mal Schluss mit der Romantik. In dem Weinort überqueren wir, von der **Raiffeisenstraße** kommend, die Hauptstraße **Kreuznacher Straße** und fahren schräg nach links in die **Kleinbahnstraße** bis zu einer Gabelung mit einem Fahrverbotsschild,

Kirche St. Martin und Maria

Für die Seele

Die reizvolle Landschaft des Soonwalds durch das Eller- und Gräfenbachtal auf den Spuren der verschwundenen Schmalspurbahn.

wo wir uns links halten und kurz danach eine Kreuzung erreichen, die wir geradeaus überqueren, laut Beschilderung Richtung Bockenau.

Ab dem Ortsende sehen wir vor uns das enger werdende Tal, auf das wir zufahren, und rechts einige Weinberge. Nach der Fahrt durch das stille, idyllische Ellerbachtal treffen wir auf eine schmale Landstraße, der wir nach rechts folgen. Rechts oben auf dem Bergrücken erkennen wir Weinreben. An der Abzweigung nach Sponheim treffen wir auf die **Kaffee-Mühle 4**, ein kleines Café in einer ehemaligen Mühle mit nettem Ambiente, das nur freitags und an Wochenenden von Mai bis Juli geöffnet hat.

Wenn wir noch vor der Mühle an der Abzweigung nach Sponheim rechts abbiegen, erreichen wir das Weindorf nach kurzem Anstieg recht bald. Es wird überragt vom monumentalen Bau der ehemaligen **Klosterkirche St. Martin und Maria 5**, die die Anstrengung in jedem Fall lohnt. Neben der mittelalterlichen Kirche ist auch der Blick von oben in alle Himmelsrichtungen lohnenswert.

Nach dem Abstecher in die Welt der mittelalterlichen Kirchen und Klöster fahren wir die Route weiter Richtung Bockenau durch das enge, romantische, dichtbewaldete Ellerbachtal. An einem einsam gelegenen Haus überqueren wir links auf einer alten Steinbrücke den Bach, biegen an einer kleinen Straße rechts ab, um den Bach abermals zu überqueren, und verlassen sie gleich wieder nach links, um weiter auf der Bahntrasse durch das stille Tal zu fahren.

Die ehemalige Klosterkirche von Sponheim erhielt ihre heutige Gestalt im 13. Jahrhundert. Das Benediktinerkloster Sponheim auf dem Gauchsberg wurde 1124 erstmals urkundlich erwähnt und mit Einführung der Reformation im Nahegebiet 1556 aufgelöst.

Schließlich endet das Tal scheinbar an einer Felswand, wo wir auf eine befahrene Straße stoßen. Dieser folgen wir nach rechts auf dem separaten Radweg, vorbei an einer Fabrikanlage. Links der Straße befindet sich unmittelbar vor dem Ort das **Kleinbahnmuseum Bockenau ⑥**, das jederzeit zugänglich und einen Besuch wert ist. Von den zwei Loks, die hier ausgestellt sind, handelt es sich bei der mit dem Gepäckwaggon um die neueste von vier Lokomotiven, die auf den beiden Kleinbahnstrecken eingesetzt wurden. Deutlich zu erkennen ist die geringe Spurbreite der Schmalspurbahn. Mit immerhin 180 PS steuerte sie ab 1920 siebenmal pro Tag mit vier Waggons im Schlepp die Stationen an der Strecke an. Der Lokschuppen stammt aus dem Jahr 1896, als die Bahnlinie eröffnet wurde.

Wir folgen der Straße noch ein kleines Stück weiter und biegen hinter dem ersten Haus links ab. Rechts von uns liegt Bockenau, mit seinen zwei Kirchen, und schmiegt sich an die Berghänge. Während sich hier noch Weinreben die Berghänge hinaufziehen, wird das Tal langsam wieder enger und bewaldet. Auf der rechten Seite lädt das Freizeitgelände des Heimat- und Verschönerungsvereins von Bockenau zum Picknick auf der schattigen, grünen Wiese ein, Kneippanlage inklusive.

Der Weg führt uns weiter durch die grüne, abgeschiedene Idylle, durch die sich der Ellerbach schlängelt, bis wir auf eine Straße stoßen. Hier endet für uns die Fahrt auf der Bahntrasse, die noch gut 1 Kilometer weiter bis Winterburg verläuft. Wir biegen hier aber rechts ab, sofort wieder links und gleich danach abermals rechts. Über einen gepflegten Campingplatz mit idyllischen Stellplätzen für Urlauber fahren wir ab hier insgesamt 3,5 Kilometer mit deutlichem Anstieg zum höchsten Punkt der Route hinter Allenfeld. Nach dem Campingplatz biegen wir aber erst einmal an einer T-Kreuzung im Wald links ab und radeln weiter nach Allenfeld, wo wir rechts abbiegen. Am Ende des Dorfes fahren wir vor dem Friedhof nach links und sofort wieder rechts auf die Landstraße, auf der wir bei relativ wenig Verkehr Richtung Argenschwang fahren müssen.

Schon bald haben wir den höchsten Punkt der Tour erreicht und können kurz darauf mit 8 % Gefälle durch den Wald talwärts rauschen. Über den Dächern von Argenschwang begrüßt uns seine **Burgruine 7**. Unten in der Ortsmitte stoßen wir in einer Kurve auf die Hauptstraße und fahren hier ein Stück geradeaus, um an der darauffolgenden nach links abknickenden Vorfahrtstraße weiter geradeaus zu fahren. Kurz darauf führt die Straße relativ steil bergauf, aber nach 180 Metern dürfen wir schräg rechts in einen asphaltierten Weg talwärts abbiegen. An der Abzweigung befindet sich der **Alte Jüdische Friedhof 8**, den wir am bes-

Burgruine Argenschwang

ten von der Straße aus ein paar Meter oberhalb der Abzweigung sehen können.

Der Weg führt uns hinunter ins hier noch schmale, idyllische Gräfenbachtal, durch das wir bis vor Bad Kreuznach fahren werden. Nach knapp 2 Kilometern erreichen wir nach dem Überqueren einer Holzbrücke eine Straße, die uns nach Dalburg bringt. Wir bleiben zunächst auf der Hauptstraße des Straßendorfs, über dem die mächtige **Ruine Dalburg** 9 aufragt. Nach einer engen Stelle in der Ortsmitte müssen wir an einer Kreuzung bei einer Kirche rechts abbiegen, den Gräfenbach überqueren und der Straße kurz leicht bergauf folgen. Bevor der Weg in den Wald eintaucht, sollten wir kurz anhalten und den Blick auf die Burgruine genießen.

Danach geht es durch den schattigen Wald rasant bergab. Nachdem uns der Wald freigegeben hat, blicken wir auf das hier schon breiter gewordene Tal mit Weinbergen am gegenüberliegenden Südhang. Wir

Schloss Wallhausen

Burgruine Gutenburg

radeln weiter, bis wir Wallhausen erreichen, wo wir dem **Schloss Wallhausen** ⑩ mit dem Weingut Prinz Salm einen Besuch abstatten wollen. Dazu fahren wir nach der Friedhofsmauer den **Paierweg** links hinunter und können dann auf der linken Seite gleich das schöne Schloss aus dem 18. Jahrhundert sehen und die Bioweine des Weinguts probieren.

Wir fahren wieder zurück zum Radweg und folgen ihm am Ort entlang leicht talwärts bis fast zur Talsohle, wo wir bei der Feuerwehr rechts auf die **Bahnhofstraße** abbiegen. An der nächsten Gabelung fahren wir links auf dem Fahrradweg weiter. Wallhausen war Endstation der Kleinbahnlinie, weshalb wir erst ab hier wieder auf der Bahntrasse radeln können.

Vorbei an Feldern und Weinbergen kommen wir durch Gutenberg, das von der kleinen **Burgruine Gutenburg** ⑪ dominiert wird. Schließlich wird unsere lange Geradeausfahrt auf der Trasse durch eine Straße unterbrochen, die wir mit einem Schlenker überqueren müssen. Wir folgen weiter der Wegführung, unter-

Im Weinort Wallhausen befindet sich im gleichnamigen Schloss das älteste Familienweingut Deutschlands. Das Weingut Prinz Salm wird in der 32. Generation geführt – seit 800 Jahren.

queren einige Zeit später die Schnellstraße **B41** und erreichen danach eine Abzweigung, an der wir auf dem Radweg links abbiegen. Neben dem folgenden Kreisverkehr überqueren wir die Straße und fahren geradeaus weiter bis zu einer T-Kreuzung.

Hier treffen wir auf die Route, auf der wir von Bad Kreuznach gekommen sind, sodass wir hier nur links abbiegen müssen und denselben Weg zurückfahren in die Stadtmitte von Bad Kreuznach. Nun müssen wir nur noch mal überlegen, wo wir einkehren wollen. Der Möglichkeiten gibt es hier genug.

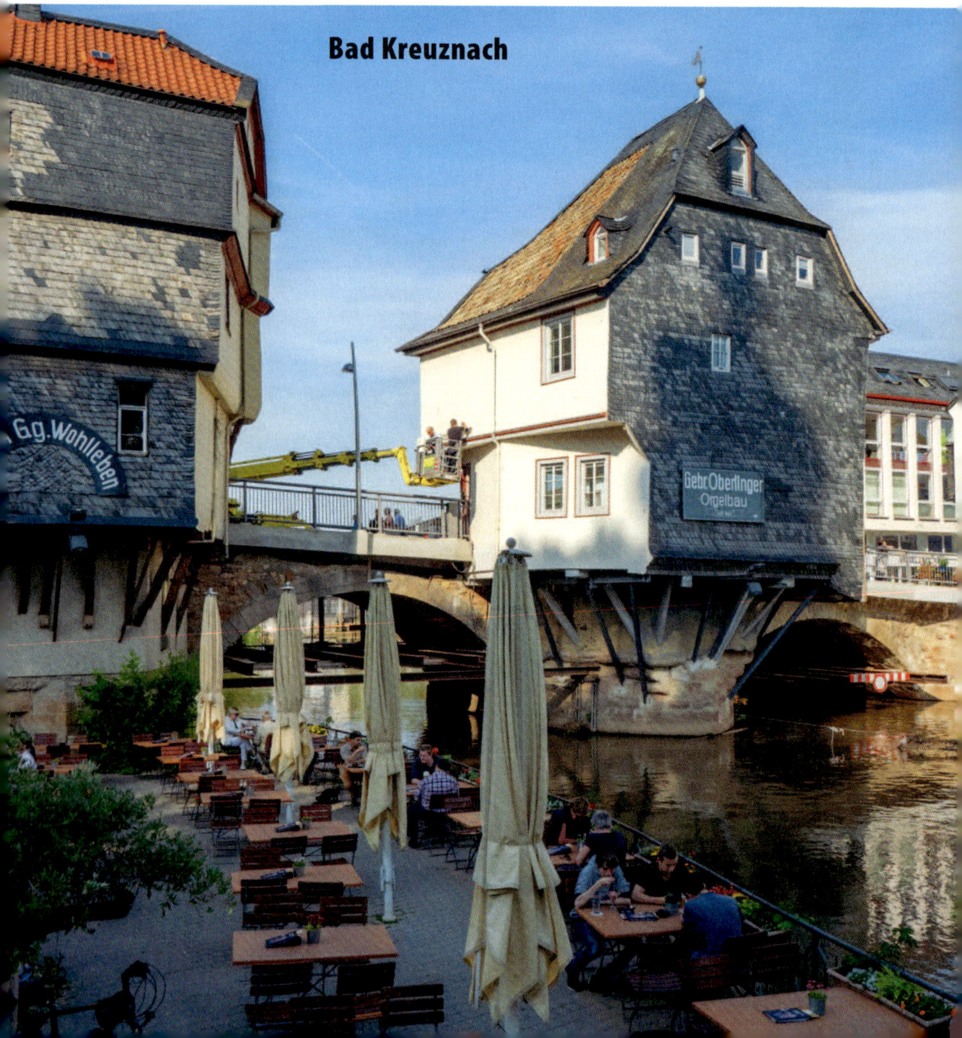

Bad Kreuznach

Kreuznacher Kleinbahnen

Die Kreuznacher Kleinbahnen waren zwei Bahnlinien, die von Kreuznach, damals noch ohne den Zusatz „Bad“, auf einer Strecke 20,5 Kilometer nach Winterburg fuhren und auf der anderen Strecke rund 10 Kilometer nach Wallhausen. Beide wurden 1896 eröffnet und schon 1936 wieder eingestellt. Aus Kostengründen wurden sie als Schmalspurbahnen angelegt. Im Stadtgebiet von Kreuznach lagen die Schienen in der Straße wie die der Straßenbahn. Dort betrug die Höchstgeschwindigkeit 5 Stundenkilometer, und ein Mann mit Glocke musste vorausgehen. Außerhalb der Stadt galt eine erlaubte Höchstgeschwindigkeit von 25 Kilometern pro Stunde. Im Volksmund trug die Bahn die Bezeichnung „Klickerbahn“. Die Wirtschaftskrise der 1920er-Jahre und die Zunahme des Straßenverkehrs in den 1930er-Jahren bedrohten die Existenz der Bahn, sodass sie eingestellt werden musste.

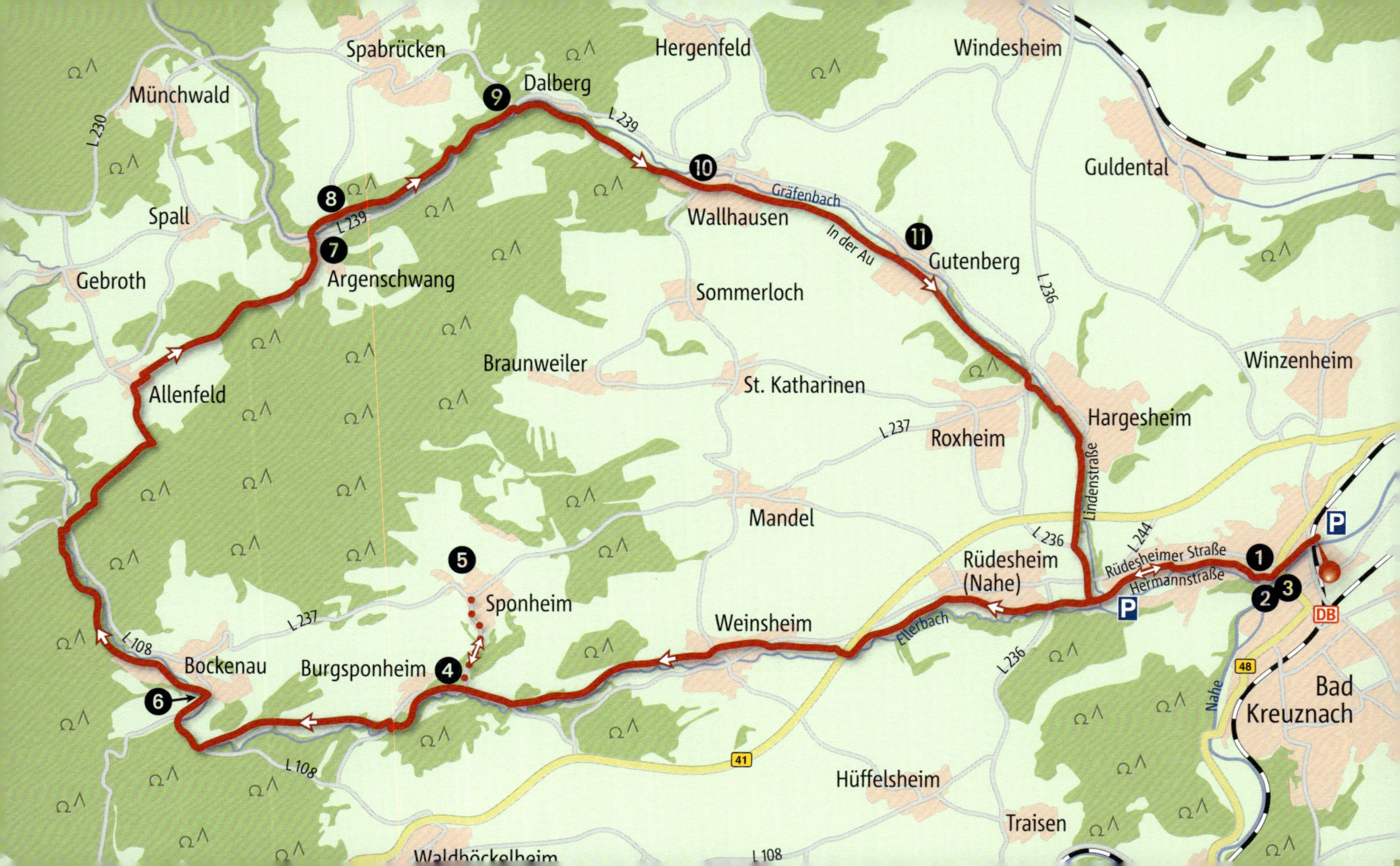

Spabrücken
Hergenfeld
Windesheim
Münchwald
Dalberg
L 239
Guldental
L 230
Spall
Wallhausen
Gräfenbach
In der Au
Gutenberg
L 236
Gebroth
Argenschwang
Sommerloch
Winzenheim
Braunweiler
St. Katharinen
Allenfeld
L 237
Roxheim
Hargesheim
Lindenstraße
Mandel
L 244
Rüdesheimer Straße
Hermannstraße
Rüdesheim (Nahe)
Sponheim
Weinsheim
Ellerbach
DB
Bockenau
Burgsponheim
Nahe
48
Bad Kreuznach
L 108
41
Hüffelsheim
Traisen
Waldböckelheim

Entspannung ✸✸✸✸✸
Genuss ✸✸✸
Romantik ✸✸✸✸

WIE & WANN:
Vorwiegend autofrei, asphaltiert, teilweise auf den Bahntrassen, 100 Höhenmeter Steigung zwischen beiden Bahnlinien. Unterwegs kaum Einkehrmöglichkeiten. Ganzjährig befahrbar, beste Radelzeit Mai bis Oktober

HIN & WEG:
Auto: Parkplatz, Messegelände Pfingstwiese, 55545 Bad Kreuznach (GPS: 49.8514, 7.86605)
ÖPNV: Bf. Bad Kreuznach (RB), von dort 700 Meter über Wilhelmstraße zur Route

ESSEN & ENTSPANNEN:
Kneipenviertel ❶ Mannheimer Straße
Fritz die Schirmbar ❷ Mannheimer Straße 92, 55543 Bad Kreuznach, Tel. (0 6 71) 4 83 33 55, www.fritzdieschirmbar.com
Kaffee-Mühle ❹ Braunsmühle 1, 55595 Sponheim, Tel. (0 67 58) 21 46 83, www.kaffee-muehle-sponheim.de

ENTDECKEN & ERLEBEN:
Alte Nahebrücke ❸
Klosterkirche St. Martin und Maria ❺ Klosterhof 3, 55595 Sponheim
Kleinbahnmuseum Bockenau ❻
Burgruine Argenschwang ❼
Alter Jüdischer Friedhof ❽ Sonnenweg 11, 55595 Argenschwang
Burgruine Dalburg ❾
Schloss Wallhausen ❿ Schlossstraße 3, 55595 Wallhausen, Tel. (0 67 06) 94 44 11, www.prinzsalm.de
Burgruine Gutenburg ⓫

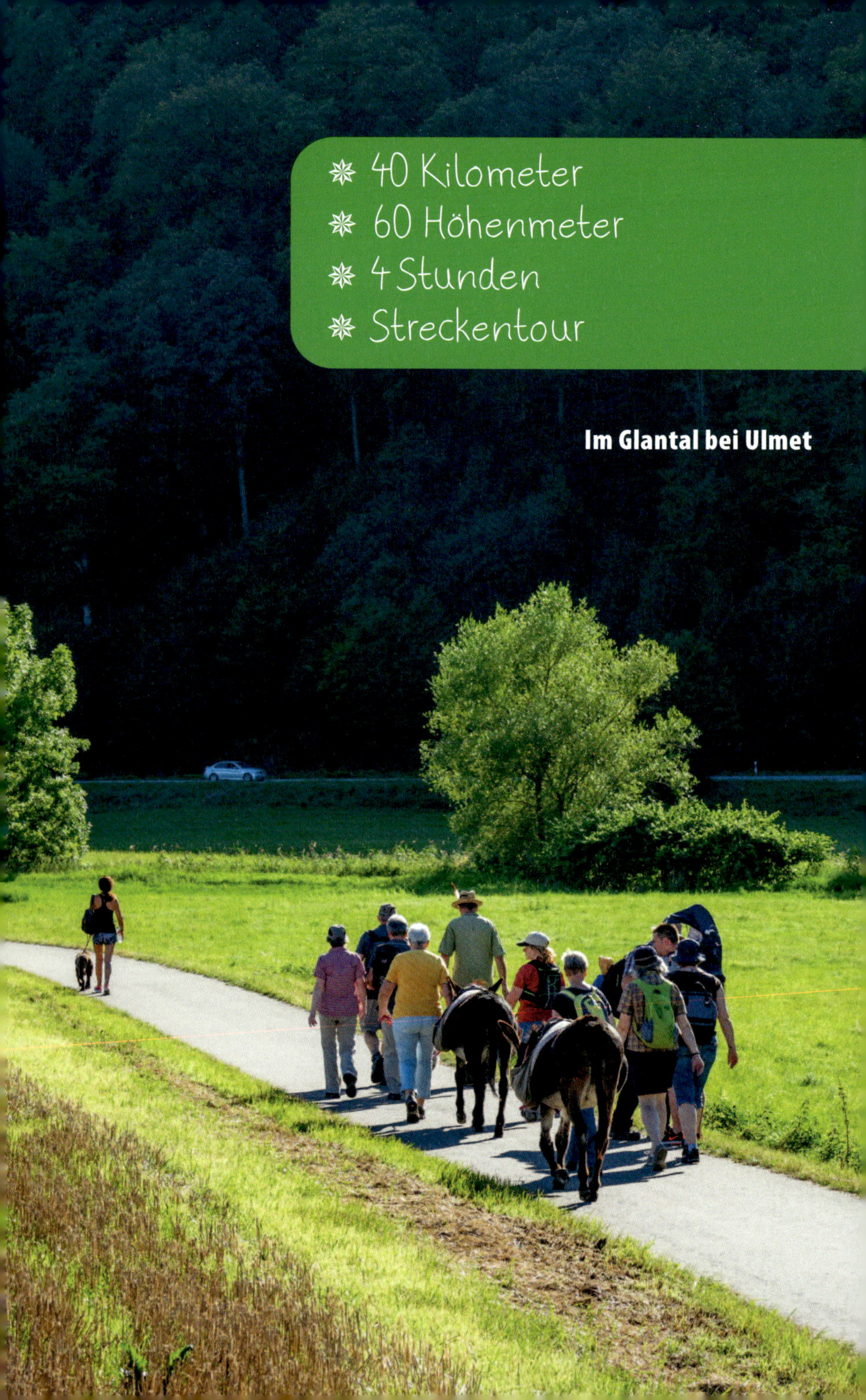

- 40 Kilometer
- 60 Höhenmeter
- 4 Stunden
- Streckentour

Im Glantal bei Ulmet

Stille Wasser

Ebene Wege durch das Glantal

Vor dem Start unserer Tour in Odernheim bietet sich das **Café Augenweide** ① in der Ortsmitte für eine kleine Stärkung oder einen leckeren Cappuccino an. Nachdem wir uns auf die Räder geschwungen haben, überqueren wir auf der Hauptstraße den Fluss Glan und biegen sofort hinter der Brücke links ab. Hier befinden wir uns laut der Wegweisung nun schon auf dem **Glan-Blies-Radweg,** auf dem wir bis Altenglan fahren werden. Gleich darauf überqueren wir die Gleise der Draisinenbahn, die rechts vom Startpunkt Staudernhof kommend ebenfalls bis Altenglan laufen, wo die Strecke für die Schienengefährte endet. Links laufen die Schienen auf einer Brücke über den Glan, während wir am diesseitigen Flussufer weiterfahren. Nach einer Flussbiegung treffen wir wieder auf die Schienen und fahren parallel zu ihnen weiter.

Der Glan entspringt im Saarland, fließt durch das Nordpfälzer Bergland und mündet nach 90 Kilometern in die Nahe. Entlang des Glans führte eine alte Handelsstraße von Südwesten durch das Nahetal bis Bingen.

Der Radweg führt uns dicht am Bahndamm entlang über asphaltierte Wege, windungsreich durch grüne Landschaft, mal neben Feldern und mal unter Bäumen, die sich zu einem Tunnel schließen. Vorbei an einem entzückenden Bahnwärterhäuschen macht die Strecke eine Rechtsbiegung, nach der unser Weg endet. Wir müssen den Bahnübergang queren, danach den Glan und erreichen Rehborn, wo wir in die erste Straße rechts abbiegen. Wir fahren an der schön sanierten Mühle Hugo Schmidt vorbei, die immer noch als Mühlenbetrieb arbeitet.

Bahnwärterhäuschen

Auszeittour 3

Nachdem wir Rehborn verlassen haben, kommen wir auf eine alte Steinbogenbrücke zu, die in der natürlichen Umgebung eine ideale Location für einen Historienfilm abgeben würde. Sie hat noch das originale, alte Kopfsteinpflaster und führt direkt auf ein altes Bahnwärterhäuschen mit dem **Gartenlokal Zum Radler** ❷ und einem netten Wirt zu.

Kurz darauf nähert sich der Radweg wieder der Draisinenstrecke und führt an ihr entlang ein gutes Stück schnurgeradeaus, während sich links von uns der Glan munter durch die Wiesen schlängelt. Beim schmucken ehemaligen Bahnhofsgebäude von Raumbach überqueren wir die Bahnlinie und fahren über den alten Bahnsteig rechts der Schienen weiter. Ab hier teilt sich der Radweg die Bahntrasse mit den Schienen.

Meisenheimer Untertor

3,5 Kilometer weiter erreichen wir den Bahnhof von Meisenheim. Hier stehen zwei Waggons mit Toiletten und Schließfächern, damit man entspannt und unbeschwert die Stadt erkunden kann, was wirklich lohnenswert ist. Die wenig bekannte und großenteils schön restaurierte **Altstadt von Meisenheim** ❸ kommt ausgesprochen malerisch daher mit ihren Fachwerkhäusern und zahlreichen historisch interessanten Gebäuden, für viele sicherlich eine Entdeckung. Neben dem gotischen Rathaus sind die Schlosskirche, das Untertor, das Gelbe Haus und die an Rothenburg erinnernde Ritterherberge zu erwähnen. Außerdem gibt es, im Gegensatz zum Rest der Radstrecke, viele Einkehr- und auch Übernachtungsmöglichkeiten.

Für die Seele

Ohne Steigungen fahren wir entlang des mäandernden Glans und besichtigen die malerische Altstadt von Meisenheim und die Ölmühle St. Julian.

Ausgesprochen gediegen speisen und übernachten kann man im **Weinhotel Meisenheimer Hof** ④. Eine Empfehlung wert ist auch das Traditionsgasthaus **Gaststätte Zum Untertor** ⑤ direkt am Stadttor mit seiner alten, unveränderten Gaststube oder der Außenterrasse am Wasserrad. Gleich um die Ecke kann man in der **Genussecke** ⑥ Delikatessen kaufen oder sich zum Genießen gemütlich niederlassen. Unweit der Bahntrasse am Rand der Stadt liegt das urige **Brauhaus Meisenheim** ⑦.

Weininteressierte sollten vor der Weiterfahrt dem einzigen Weingut Meisenheims, **Weingut Barth** ⑧, einen Besuch abstatten. Sie haben dort hervorragende Weine und abends im Restaurant sehr gutes Essen.

Bis nach dem Zweiten Weltkrieg wurde im mittleren und unteren Glantal in Steillagen viel Wein angebaut. 1925 gab es hier 400 Winzer. Heute sind es noch zwei, in Meisenheim und Raumbach. Sie gehören zum Weinbaugebiet Nahe.

Wir schwingen uns wieder auf die Räder und setzen unsere Fahrt am Bahnhof fort, wo wir sofort einen Tunnel durchqueren. Wenig später am Ortsende wird die Bahntrasse plötzlich einspurig, sodass der Radweg sie nach links verlassen muss. Die nächsten 12 Kilometer müssen wir abseits der Trasse fahren, während die Draisinenfahrer die Trasse für sich alleine haben.

Wir halten uns gleich rechts, folgen der Beschilderung Richtung Lauterecken, biegen links ab und überqueren den Glan auf einer alten Natursteinbrücke. Danach halten wir uns zweimal rechts und fahren an der Friedhofsmauer vorbei über asphaltiere Feldwege durch die Auenlandschaft bis Odenbach.

Am Ortsanfang stoßen wir auf die **Hauptstraße,** wo wir links abbiegen, der abknickenden Vorfahrtsstraße folgen und den Ortskern durchqueren. Am Ortsende halten wir uns an einer Gabelung Richtung Sportplatz rechts. Wenig später steigt die Straße kurz leicht an und gabelt sich bei den letzten Häusern. Am linken Wegesrand fallen uns die vielen Türen zu Felsenkellern auf. Wir halten uns hier rechts und fahren weiter nach Medard.

Wir überqueren den Glan auf einer breiten Brücke und biegen gleich vor dem Bahnübergang links ab. Bei einer Kläranlage vor Lauterecken müssen wir rechts fahren und danach wieder links in die **Bahnhofstraße** abbiegen. Links sehen wir eine große Fruchtsaft-Fabrikanlage, bevor wir schließlich den Bahnhof erreichen. Zu unserem Erstaunen erleben wir hier Zugverkehr. Lauterecken ist seit Stilllegung der Glantalbahn Endstation der Bahnlinie von Kaiserslautern. Im Bahnhofsgebäude gibt es erfreulicherweise zwei vielversprechende Einkehrmöglichkeiten. Das **Brauhaus Lauterecken und Orientgrill** 9 gehören demselben Betrei-

Brauhaus Lauterecken

Blick auf Meisenheim

ber und sind in eine traditionelle Braugaststätte und ein Lokal mit Pizza aus dem Holzofen, Pasta und orientalischen Speisen unterteilt. Letzteres bietet auch Essen zum Mitnehmen.

Wir lassen den Bahnhof hinter uns und setzen die Fahrt in derselben Richtung fort bis zur nächsten T-Kreuzung. Nun müssen wir links abbiegen und ein Stück der relativ stark befahrenen **Hauptstraße** folgen, um dann direkt hinter der Glanbrücke scharf rechts abzubiegen. Hier mündet übrigens die Lauter, die dem Ort den Namen gab, in den Glan.

Bei der nächsten Möglichkeit biegen wir unter der Kaiserslautern-Bahnlinie rechts ab, halten uns danach rechts, unterqueren wenig später die **B 270,** wo sich schlagartig eine Bilderbuchlandschaft vor uns ausbreitet. Im Zickzack zwischen Feldern geht es ge-

Der Bau der heute als Glandom bekannten ehemaligen Klosterkirche St. Marien wurde circa 1200 begonnen und im 15. Jahrhundert vollendet. Die Kirche zeigt romanische und gotische Stilelemente. Sie verfiel nach der Auflösung des Klosters und wurde im 19. Jahrhundert weitgehend wieder aufgebaut.

radeaus bis Wiesweiler, wo wir nach den ersten Häusern scharf rechts abbiegen. Nach 180 Metern hat uns die Bahntrasse wieder, und wir dürfen wieder neben den Schienen herradeln.

Im nächsten Ort Offenbach-Hundheim treffen wir auf **Katjas Café Herzhaft ⑩**, das direkt an der Bahntrasse gelegen und von Radlern sowie Draisinenfahrern gleichermaßen gut besucht ist. An der nächsten Kreuzung bietet sich ein Abstecher nach rechts in die Dorfmitte zum **Glandom ⑪** an, der zwischen den Dächern herausragt.

Zurück auf der Bahntrasse, fahren wir knapp 4 Kilometer weiter, um St. Julian zu erreichen. Die Mühlstraße kreuzt die Bahntrasse, wir biegen hier links ab und erreichen schon nach wenigen Metern die **Ölmühle St. Julian ⑫**. Für die Besichtigung und die Vorführung muss man zuvor einen Termin ausmachen. Als sich die Tür öffnet, betreten wir eine eigene Welt. Der Besucherführer wirft das Wasserrad an, und ein gewaltiger Mechanismus beginnt ächzend zu arbeiten.

Die historische Ölmühle St. Julian wurde 1730 gebaut und funktioniert noch heute. Sie ist als letzte Stempelpresse einmalig in Europa. Eine Vorführung, die man einfach telefonisch oder über die Internetseite tags zuvor vereinbaren kann, ist ein einmaliges Erlebnis.

Wir radeln weiter auf der Bahntrasse bis zur ehemaligen Haltestelle Rathsweiler. Der offizielle Radweg geht hier noch wenige Hundert Meter weiter und führt dann rechts an die Landstraße, wobei das letzte Stück recht grob geschottert ist. Wir können hier daher schon auf den asphaltierten Weg schräg rechts zur Straße hin abbiegen und links auf dem Fuß- und Radweg weiterfahren. Egal wie wir uns entscheiden, wir fahren neben der Bundesstraße B 420 weiter bis zur nächsten Abzweigung nach links, der wir folgen, den Glan auf einer alten Brücke überqueren, um danach wieder rechts auf einen Radweg abzubiegen. Hier können wir noch 100 Meter geradeaus weiterfahren, um einen Blick auf die von alten Bäumen umgebenen **Flurskapelle** ⑬ zu werfen, deren Ursprünge in das 11. Jahrhundert zurückgehen.

Der Radweg führt uns ans Ufer des Glans, macht neben ihm einen Bogen und unterquert die Draisinen-Bahnlinie. Wir stoßen in Ulmet auf die **Meisenheimer Straße,** überqueren auf ihr den Glan und fahren unmittelbar hinter der Brücke links auf einen Radweg, auf dem wir den Wegweisern folgend Ulmet umfahren und schließlich wieder auf die Bahntrasse treffen, um auf ihr weiterfahren zu können. Gut 600 Meter weiter müssen wir die Trasse leider wieder verlassen.

Weiter geht es an einem Sportplatz vorbei, einen Hügel hinunter und danach links. An der folgenden Gabelung halten wir uns wieder links, überqueren die Bahnschienen und folgen unserem Weg, bis wir Bedesbach erreichen. Dort fahren wir in derselben Richtung auf der Straße weiter, halten uns im Ort leicht rechts, überqueren wieder die Schienen und das Bahnhofsgelände und biegen dann links vor der Glanbrücke auf den Radweg ab.

Die Strecke führt durch das Naturschutzgebiet Bedesbacher Glanauen. Vor einer Straßenbrücke halten

Flurskapelle

Die Touren 14, 3 und 4 von insgesamt 95 Kilometern sind so angelegt und beschrieben, dass sie nacheinander in einer Zweitagestour gefahren werden können. Die Rückfahrt ist mit den Regionalbahnen von Homburg nach Bad Münster am Stein möglich.

wir uns rechts, um die Brücke zu unterqueren. Nun geht es weiter entlang einer Straße bis zum Kreisverkehr. Hier überqueren wir die rechtsabbiegende Straße, danach die Schienen der Draisinenstrecke und folgen diesen dann an der linken Seite. Nach einer sanften lang gezogenen Rechtskurve erreichen wir das Bahnhofsgelände von Altenglan. Am Anfang befindet sich ein Wohnmobilstellplatz, vor dem sich der Weg gabelt. Links führt der **Glan-Blies-Radweg** weiter nach Homburg, der in Tour 4 beschrieben ist. Hinter dem Stellplatz schließen sich Pkw-Parkplätze an, und danach folgt die Endstation der Draisinenbahn. Direkt daneben befindet sich der Bahnhof der Bahnlinie Landstuhl–Kusel.

Offiziell startet hier auch der Fritz-Wunderlich-Radweg über Kusel nach Freisen, der ab Kusel in Tour 5 beschrieben ist, da man erst ab dort auf der Bahntrasse fahren kann.

Die Glantalbahn

Die Glantalbahn fuhr auf einer Strecke von 109 Kilometern von Homburg durch das gesamte Glantal bis nach Bad Münster am Stein. Die Linie wurde um die Jahrhundertwende vor allem aus strategischen Gründen gebaut, um Truppen an die Front mit einem möglichen Kriegsgegner Frankreich verlegen zu können. Da die Bahnlinie für den zivilen Verkehr keine große Bedeutung hatte, waren die Fahrgastzahlen so niedrig, dass sie schon 1961 eingestellt wurde. Auf dem Abschnitt Staudernheim–Altenglan wurde auf Initiative der Tourismusverbände im Jahr 2000 die Draisinenbahn auf der noch vorhandenen Gleisanlage installiert.

Kirn
41
Merxheim
Meckenbach
Meddersheim
41
Bad Sobernheim
Nahe
DB
P
Staudernheim
Odernheim
am Glan
1
Kirschroth
L 377
Becherbach
bei Kirn
Limbach
Bärweiler
Abtweiler
L 234
Lauschied
2
L 376
Rehborn
Schmidthachenbach
Raumbach
Glan
4
Desloch
Meisenheim
8
6
7
5
420
Oberreidenbach
Schweinschied
L 182
3
Breitenheim
270
Sien
Löllbach
Reiffelbach
Odenbach
Kappeln
Roth
Medard
L 382
Grumbach
9
Hausweiler
Lauterecken
420
Buborn
Lohnweiler
Wies-
weiler
10
11
Offenbach-
Hundheim
L 383
L 373
Glanbrücken
Niederalben
Raths-
weiler
Eschenau
St. Julian
12
Gumbsweiler
270
Oberweiler-
Tiefenbach
13
Hinzweiler
Ulmet
Horschbach
Niederkirchen
Erdesbach
Welchweiler
Bedesbach
L 368
Eßweiler
P
420
DB
Altenglan
423
L 367
L 370
Bosenbach
Rothselberg
Olsbrücken
Jettenbach

Entspannung ✱✱✱✱✱
Genuss ✱✱✱✱
Romantik ✱✱✱✱✱

WIE & WANN:
Vorwiegend autofrei und asphaltiert, keine nennenswerten Steigungen, großenteils auf der Bahntrasse neben der Draisinenbahn. Ganzjährig befahrbar, beste Radelzeit Mai bis Oktober

HIN & WEG:
Auto: Parkplatz, Duchrother Straße, 55571 Odernheim am Glan (GPS: 49.76754, 7.70561)
ÖPNV: Bf. Staudernheim (RB), 4 Kilometer über Radweg nach Odernheim, Bf. Altenglan (RB), keine direkte Verbindung zwischen Odernheim und Altenglan, kein Fahrradbus

ESSEN & ENTSPANNEN:
Café Augenweide ❶ Hauptstraße 3, 55571 Odernheim am Glan, Tel. (0 67 55) 28 10 28, cafe-augenweide.business.site **Gartenlokal Zum Radler** ❷ Wohnplatz Bahnwärterhaus, 55592 Rehborn, Tel. (0 67 53) 12 42 05, www.zum-radler.de
Weinhotel Meisenheimer Hof ❹ Obergasse 33, 55590 Meisenheim, Tel. (0 67 53) 1 23 77 80, www.meisenheimer-hof.de **Gaststätte Zum Untertor** ❺ Untergasse 66, 55590 Meisenheim, Tel. (0 67 53) 22 51, www.zum-untertor.de **Genussecke** ❻ Schillerstraße 24, 55590 Meisenheim, Tel. (0 67 53) 96 40 74, www.genussecke.de
Brauhaus Meisenheim ❼ Obertor 15, 55590 Meisenheim, Te. (0 67 53) 46 83, www.brauhaus-meisenheim.de **Weingut Barth** ❽ Lindenallee 23, 55590 Meisenheim, Tel. (0 67 53) 54 77, www.hotelweingut-barth.de
Brauhaus Lauterecken und Orientgrill ❾ Bahnhofstraße 1, 67742 Lauterecken, Tel. (0 63 82) 85 88
Katjas Café Herzhaft ❿ Saarstraße 1C, 67749 Offenbach-Hundheim, Tel. (0 63 82) 9 93 97 11

ENTDECKEN & ERLEBEN:
Altstadt von Meisenheim ❸
Glandom ⓫ Klosterstraße 12, 67749 Offenbach-Hundheim
Ölmühle St. Julian ⓬ Mühlstraße 8, 66887 St. Julian, Tel. für Besichtigungstermin (01 71) 26 39 07 6, www.sankt-julian.de/oelmuehle
Flurskapelle ⓭

Ohmbachsee

Flussaufwärts

Am Glan entlang ins Saarland

Wir beginnen unsere Tour am Bahnhof Altenglan. Wer mit der Bahn angekommen ist, sucht den gegenüber bei einer Bushaltestelle beginnenden Weg mit dem Wegweiser **Glan-Blies-Radweg,** auf dem man nach 80 Metern direkt hinter einer Unterführung auf den Radweg trifft und hier nach rechts fährt. Wenn man mit dem Auto ankommt, fährt man am Wendehammer beim Bahnhof auf den Parkplatz bei der Draisinenstation und stellt dort den Wagen ab. Mit den Rädern geht es nun ein Stück weiter entlang der Schienen der Draisinenbahn bis zu einer Wegkreuzung beim Wohnmobilstellplatz. Hier biegt man um 180 Grad rechts ab und gelangt auf den **Glan-Blies-Radweg,** der uns letztlich nach Homburg bringt.

Zunächst führt uns der Radweg stets mehr oder weniger neben der noch befahrenen Bahnlinie Kusel–Landstuhl durch das Glantal. Erst nach 12 Kilometern wird die Linie das Glantal verlassen, und wir werden die Fahrt auf der Bahntrasse Richtung Homburg fortsetzen.

Schon nach 600 Metern stoßen wir auf die **Moorstraße,** halten uns rechts, überqueren auf ihr die Bahnlinie und biegen sofort nach der Brücke links ab. Der Weg führt uns weiter durch ein grünes, enges Tal, bis wir auf einem unbeschrankten Bahnübergang die Schienen kreuzen und weiter Richtung Waldmohr fahren. Wir passieren die Streitmühle, die früher einmal einen Gleisanschluss hatte, und überqueren wenig später bei einem ehemaligen Güterbahnhof wieder die Bahnlinie.

Tipp für Wohnmobilfahrer: In Altenglan befindet sich am ehemaligen Bahnhofsgelände ein ruhiger Stellplatz mit Stromanschlüssen, der für mehrere Radtouren ideal gelegen ist. Neben Tour 4 nach Homburg beginnt hier der Fritz-Wunderlich-Weg. Von Odernheim kommend endet hier Tour 3.

Nachdem wir ein Stück durch schattigen Wald gefahren sind, kommen wir kurz vor Theisbergstegen über ein großes brachliegendes Gelände, das bis 2004 dem nahen Steinbruch als Verladestation diente. Hier geht der Radweg in die **Bahnhofstraße** über. Beim Bahnhof überqueren wir die **Kuseler Straße** geradeaus. Über die kaum befahrene Straße erreichen wir bald Godelhausen, das wir auf der Hauptstraße durchqueren. Am Ortsende überqueren wir die Bahnlinie gleich zweimal kurz.

Über das einspurige, schmale Sträßchen, das sich durch das Glantal windet, erreichen wir Matzenbach. Auch diesen Ort durchfahren wir schnell und biegen vor dem Bahnübergang der Beschilderung des **Glan-Blies-Radwegs** folgend rechts ab. Auf einem breiten asphaltierten Weg durch Wiesen und Felder nähern wir uns dem nächsten verschlafenen Dörfchen.

Wir treffen auf einen Nussbaum und eine Bank auf einer kleinen Insel mitten an einer Weggabelung, an der wir uns links halten und kurz darauf Rehweiler erreichen, das nicht viel größer ist, als es klingt. Hier bie-

Römische Viergöttersteine

Für die Seele

Das obere Glantal und der Wald bei Homburg mit seinen magischen Schlossberghöhlen.

Wald bei Homburg

gen wir diesmal unmittelbar nach dem Bahnübergang und vor der Glanbrücke rechts ab, um die Fahrt entlang des Bahndamms fortzusetzen.

Glan-Münchweiler ist der nächste Ort, den wir erreichen. Am Bahnübergang vor dem Bahnhof lohnt es sich, einen Abstecher in die Ortsmitte und in die Römerzeit zu machen. Im Hof der protestantischen Kirche auf einer kleinen Anhöhe gibt es die **römischen Viergöttersteine** (1) zu bestaunen. Sie waren einst Teile einer Jupitersäule und zeigen auf jeder Seite einen römischen Gott. Daneben sind noch zwei römische Sarkophage ausgestellt. Die Säulenquader waren im Mittelalter kurzerhand als Baumaterial für die gotische Kirche mitverwendet worden. Beim Abriss der Kirche 1771 kamen sie ans Tageslicht.

Zurück auf dem Radweg fahren wir weiter an der Bahnlinie Kusel–Landstuhl entlang. Nach einem guten Kilometer endet der Weg an der Gleisanlage, und wir überqueren diese nach rechts über einen schmalen Übergang. Achtung, hier gibt es weder Ampel noch Schranke! Nach wenigen Metern öffnet sich vor uns ein bewaldeter künstlicher Taleinschnitt, durch den früher die Glantalbahn nach Homburg weiterfuhr. Die heute noch befahrene Bahnstrecke nach Landstuhl, die wir eben überquert haben, verlässt hier das Glantal.

Wir können nun endlich die Fahrt auf der alten Bahntrasse fortsetzen. Schon bald überqueren wir den Glan, während hoch über uns die Autobahnbrücke der **A 62** das Glantal kreuzt. Weiter geht es auf dem Bahndamm, der von Akazien und anderen hohen Bäumen gesäumt durch das grüne Tal führt. Am Ortsrand von Nanzdietschweiler überqueren wir die **Hauptstraße.** Der Radweg läuft weiter durch einen künstlichen in den Fels gehauenen Taleinschnitt und würde wenig später wieder auf einer Brücke die Hauptstraße überqueren, wenn diese nicht abgerissen worden wäre.

Da wir hier nun die hohe Bahntrasse kurz verlassen, um auf einem Überweg die Straße zu kreuzen,

Bei Elschbach

können wir überlegen, ob wir an einem alten Waschplatz am Glan für ein Picknick die Fahrt unterbrechen wollen. Dazu müssen wir am Radweg neben der Hauptstraße nach rechts fahren, an einem Sportplatz vorbei und uns danach links halten, um auf einer kleinen Straße den Bahndamm zu unterqueren. Sofort links befindet sich eine Wiese zwischen Bahndamm und Flussufer, das mit Sandsteinen und Stufen befestigt ist und eine **alte Waschanlage 2** von 1879 darstellt. Nach einer erholsamen Pause am vor sich hin plätschernden Glan fahren wir denselben Weg wieder zurück und erklimmen über einen kurzen steilen Weg wieder die Bahntrasse, um die Fahrt fortzusetzen.

Galgen bei Kübelberg

Wir rollen auf dem ebenen, stillen und von grüner Natur umgebenen Weg dahin, bis wir in den **Tunnel Elschbach 3** eintauchen. Danach überqueren wir den Glan und etwas später bei einem ehemaligen Bahnhof die **Grieser Straße.** Kurz darauf zweigt rechts ein Weg laut Wegweiser Richtung Ohmbachsee ab. Über ihn erreicht man das **Landgut Jungfleisch 4**, ein Gasthaus auf einem Campingplatz am See mit guter Küche, das auch Zimmer und Wohnfässer zum Übernachten vermietet. Der sich anschließende **Ohmbach-Stausee 5** bietet sich ebenfalls für eine Pause und ein erfrischendes Bad an.

Kurz danach unterqueren wir eine Landstraße und werden wenig später von einem **Galgen 6** an einer Weggabelung begrüßt. Er markiert den Galgenberg, auf dem früher der dreibeinige Galgen des kurpfälzischen Gerichts Kübelberg stand, neben der mittelalterlichen Hauptverbindungsstraße von Metz nach Mainz. Urteilsvollstreckungen waren damals öffentlich und dienten der Abschreckung.

Höhlenspinne

Schlossberghöhlen

Am Galgen biegen wir rechts ab und fahren auf einem asphaltierten Weg parallel zur alten Trasse. Nach wenigen Hundert Metern werden wir wieder auf die Bahntrasse geführt und können dort entspannt weiterradeln bis Schönenberg-Kübelberg. Das ehemalige Bahnhofsgelände passieren wir auf einer asphaltierten Straße und werden danach links über eine Brücke geleitet. Tief unter uns in einem Taleinschnitt sehen wir die von der Natur eroberte Bahntrasse. Wir fahren sofort wieder rechts entlang der Schlucht. Nach 550 Metern können wir die Fahrt wieder auf der Bahntrasse fortsetzen.

Hinter der Brücke über die **L355** müssen wir links abbiegen, da sich die Bahntrasse vor uns im Nichts verliert. Wir passieren den Motschweiher und biegen an dessen Ende links auf den betonierten Weg Richtung Homburg ab. Dann unterqueren wir die Landstraße und fahren dahinter rechts weiter. Ein asphaltierter Weg führt uns lange geradeaus durch einen Wald. Wir fahren aber nicht bis an sein Ende, sondern biegen nach rund 600 Metern rechts ab Richtung Homburg. An einer T-Kreuzung biegen wir links ab und fahren nach gut 100 Metern wieder rechts weiter durch den schönen Mischwald. Nach kurzem Gefälle geht es an einer T-Kreuzung rechts, danach unterqueren wir wieder die Landstraße, womit wir auch unmerklich die Grenze ins Saarland überqueren.

Nach 800 Metern entdecken wir wieder den Wegweiser des **Glan-Blies-Radwegs,** der uns nach links leitet. Etwas später unterqueren wir die Autobahn **A 6** und fahren geradeaus weiter durch den nicht enden wollenden, schönen Wald. An einem Hochspannungsmast biegen wir links ab und erreichen bald eine große Lichtung, vor der wir rechts abbiegen. Wir folgen dem weiteren Verlauf des Weges, der uns aus dem Wald hinausführt.

Schließlich überqueren wir auf einer Brücke eine Bahnlinie und stoßen unmittelbar danach auf die **Kaiserslauterer Straße,** die in die Stadtmitte von Homburg

*Von Homburg kann man die Tour auf dem schönen **Glan-Blies-Radweg** noch circa 40 Kilometer durch das Bliestal und auf der ehemaligen Bahntrasse der Bliestalbahn bis Sarreguemines (Saargemünd) in Frankreich fortsetzen, wo die Blies in die Saar mündet.*

Blick von der Hohenburg

Der Homburger Musiksommer findet von Mai bis September statt und zieht Musikliebhaber von nah und fern an. Der Marktplatz verwandelt sich dann jedes Wochenende in eine große Musikbühne mit zahlreichen Liveauftritten bei freiem Eintritt.

Bei den Schlossberghöhlen handelt es sich um ein von Menschenhand geschaffenes Höhlensystem. Der stark quarzhaltige Sand, der hier abgebaut wurde, war für die Glasherstellung verwendet worden. Die Buntsandsteinhöhlen sind die größten Europas.

führt. Hier fahren wir rechts auf dem Rad- und Fußweg entlang der Straße und an der ersten Rechtsabzweigung noch geradeaus. An der nächsten Linksabzweigung fahren wir in die **Heidebruchstraße** und durch ein Wohngebiet. Nach 700 Metern biegen wir rechts in eine für Autos gesperrte Straße ein, ausgeschildert mit **Glan-Blies-Radweg,** die uns durch das **Naturschutzgebiet Closenbruch** ⑦ führt. Wir folgen stets dem Verlauf des Wegs, der schließlich parallel zu einer Straße verläuft. Links von uns geht das Naturschutzgebiet in den Stadtpark über. Nach einer Unterführung unter einer Straße halten wir uns links und fahren 400 Meter an der **Talstraße** entlang, bis wir am Rande der Innenstadt einen großen Parkplatz rechts von uns erreichen. Gegenüber der Ein- und Ausfahrt biegen wir links in die **Fruchthallstraße** ab, an der nächsten Abzweigung rechts auf den **La-Baule-Platz,** um dahinter endlich den **Marktplatz** ⑧ zu erreichen, wo wir von den Satteln steigen können.

Der Platz wurde vor einigen Jahren saniert und für Autos gesperrt. Es wurde ansprechende Gastronomie angesiedelt, die mit ihren Tischen und Stühlen unter ausladenden Sonnenschirmen viele Gäste anzieht und den Platz belebt. Man kann sich im **Oh!lio** ⑨ niederlassen und dem Plätschern des Brunnens lauschen oder auch nur einen guten Cappuccino im **Café Chili** ⑩ zu sich nehmen.

Neben dem Café führt ein Fußweg hinauf zum Eingang der **Schlossberghöhlen** ⑪, die man sich mit ihrem besonderen Charme nicht entgehen lassen sollte. Wer schon mal in Kappadokien war, fühlt sich an die dortigen Höhlenwohnungen erinnert. Von den Höhlen führt der Fußweg weiter zur **Burgruine Hohenburg** ⑫ hinauf, von deren Mauern zwar nicht viel erhalten ist, die aber einen schönen Ausblick auf die Stadt und die umgebende Landschaft bietet. In nordöstlicher Richtung erheben sich hinter Industriehallen und dem Wald, durch den wir kamen, die Hügel des Nordpfälzer Berglandes.

Die Glantalbahn

Die Glantalbahn führte seit 1897 von Staudernheim im Nahetal durch das Glantal bis nach Homburg. 1904 wurde das letzte Teilstück, das in Odernheim am Glan abzweigte und entlang der Nahe nach Bad Münster am Stein führte, eröffnet. Der Bau der Bahnlinie erfolgte in erster Linie aus strategischen Gründen und wurde in den beiden Weltkriegen auch entsprechend genutzt. Wegen des geringen Fahrgastaufkommens wurde sie schon in den 1960er-Jahren stillgelegt. Der Abschnitt von Bad Münster am Stein nach Odernheim am Glan wird nur zu einem Teil als Radweg genutzt, während die Trasse zwischen Staudernheim über Odernheim bis hin nach Altenglan auf 40 Kilometern als Draisinenstrecke dient. Zwischen Altenglan und Glan-Münchweiler verkehren heute noch Züge, die Kusel mit Landstuhl verbinden, auf der auch „Steinbahn" genannten Strecke. Sie wurde schon 1868 eröffnet, um die Steinbrüche in der Region um Altenglan zu erschließen. Der Abschnitt zwischen Glan-Münchweiler und Homburg wird nach seiner Stilllegung 1981 heute im rheinland-pfälzischen Teil als Radweg genutzt.

Altenglan
DB
P
L 367
420
Kuselbach
Rammelsbach
Mühlbach am Glan
Pfeffelbach
Kusel
Schwarz-
erden
Haschbach
am Remigiusberg
Rutsweiler am Glan
Theisbergstegen
Schellweiler
420
Konken
Etschberg
Godelhausen
Gimsbach
L 364
Bledesbach
Matzenbach
62
423
Rehweiler
L 352
Herschweiler-
Pettersheim
L 359
1
Quirnbach
Glan-Münchweiler
423
Niedermohr
L 363
Ohmbach
Ohmbach
Nanzdietschweiler
2
L 358
Brücken (Pfalz)
Gries
3
Hütschenhausen
Glan
4
5
Elschbach
Schönenberg-
Kübelberg
L 356
6
Miesau
Buchholz
Hauptstuhl
6
Waldmohr
Bruchmühlbach-
Miesau
Jägersburg
Lambsborn
Martinshöhe
Bechhofen
Reiskirchen
Bruchhof
Rosenkopf
Sanddorf
Erbach
Naturschutzgebiet
Closenbruch
7
DB
8
9
Käshofen
10
11
12
Homburg

Entspannung ✱✱✱✱✱

Genuss ✱✱✱✱✱

Romantik ✱✱✱✱✱

WIE & WANN:
Teilweise autofrei, teilweise wenig befahrene Straßen, teilweise asphaltiert, kaum Steigungen. Bahnverbindung Homburg (Saar)–Altenglan in rund 1 Stunde. Ganzjährig befahrbar, beste Radelzeit Mai bis Oktober

HIN & WEG:
Auto: Parkplatz Draisinenstation, 66885 Altenglan (GPS: 49.54904, 7.46331)
ÖPNV: Bf. Altenglan (RB), HBf. Homburg (Saar)

ESSEN & ENTSPANNEN:
Landgut Jungfleisch ❹ Campingpark Ohmbachsee 1, 66901 Schönenberg-Kübelberg, Tel. (0 63 73) 40 01, www.campingpark-ohmbachsee.de
Oh!lio ❾ Marktplatz 1, 66424 Homburg (Saar), Tel. (0 68 41) 9 72 99 90, www.ohlio.de
Café Chili ❿ Saarbrücker Straße 2–4, 66424 Homburg (Saar), Tel. (0 68 41) 9 85 46 23

ENTDECKEN & ERLEBEN:
Römische Viergöttersteine ❶
Alte Waschanlage ❷
Tunnel Elschbach ❸
Ohmbach-Stausee ❺
Galgen ❻
Naturschutzgebiet Closenbruch ❼
Marktplatz ❽
Schlossberghöhlen ⓫ Schlossberg-Höhen-Straße 1, 66424 Homburg (Saar), Tel. (0 68 41) 20 64, www.homburger-schlossberghoehlen.de
Burgruine Hohenburg ⓬ Schlossberg-Höhen-Straße 1, 66424 Homburg (Saar), www.homburg.de

- 20 Kilometer
- 260 Höhenmeter
- 3–4 Stunden
- Streckentour

Bahntrasse pur

Von Kusel in die Nordpfälzer Hügel

Am Bahnhof Kusel endet die heute noch betriebene Bahnlinie. Direkt 20 Meter hinter dem Prellbock, der das Schienenende markiert, auf der anderen Straßenseite beginnt unser Radweg auf der Bahntrasse nach Freisen. Gleich nach der Brücke über den Kuselbach werden wir über einen Parkplatz geführt und überqueren die **B 420** direkt rechts von einem Kreisverkehr. Hier führt die Bahntrasse weiter durch einen Hangeinschnitt im Wald und mündet 400 Meter weiter in eine kleine Straße, die auf das AOK-Gebäude zuführt. Der Radweg geht geradeaus weiter über den AOK-Parkplatz, an dessen Ende wir wieder auf die Bahntrasse stoßen.

Der Weg führt durch ein Wohngebiet von Kusel und danach weiter am rechten Talhang entlang. Kurz haben wir durch das Grün der Bäume einen schönen Blick auf die vor uns auf einem Bergrücken liegende **Burg Lichtenberg.** Wenig später fahren wir unter einem interessanten Brückenbogen hindurch, der schräg über die Bahntrasse verläuft.

Nach etwa 300 Metern überqueren wir auf einer alten Stahlbrücke das Tal, wonach der Weg am linken Berghang in einem Tunnel weiterführt. Kurz darauf erreichen wir einen Abzweig nach rechts, der in 1,7 Kilometern zur **Burgruine Lichtenberg** ❶ führt, die wir nun besuchen wollen. Wir fahren einen kurzen, grob geschotterten Weg bergab zur Landstraße **L 349,** der wir bis zur nächsten Kreuzung folgen, an dieser rechts abbiegen und 50 Meter weiter links hinauf in die **Burgstraße** fahren, die uns – wie ihr Name ahnen

Der offizielle Fritz-Wunderlich-Weg beginnt in Altenglan, wo er vom Glan-Blies-Radweg abzweigt und über Kusel nach Freisen führt. Da die Bahnlinie bis Kusel noch heute in Betrieb ist, startet unsere Tour erst dort auf der alten Bahntrasse.

Fritz Wunderlich wurde 1930 in Kusel geboren. Er studierte in Freiburg Gesang. 1955 wurde er bei einer Opernaufführung in Stuttgart über Nacht zum Star. Er gilt als größter lyrischer Tenor des 20. Jahrhunderts. Schon mit 35 Jahren starb er durch einen tragischen Sturz.

Blick vom Bergfried der Burgruine Lichtenberg

lässt – zur Burg Lichtenberg führt. Von einer lang gezogenen Rechtskurve aus haben wir über Wiesen hinweg schon einen tollen Blick auf die Burganlage.

Das modern gestaltete Urweltmuseum Geoskop führt den Besucher in das Pfälzer Bergland von vor 290 Millionen Jahren, das sich damals noch in Äquatornähe befand. Aufwendig gestaltete Dioramen und einmalige Fossilien vermitteln ein Bild der Pfälzer Urwelt.

Hinter dem ersten Burgtor des frei zugänglichen Burggeländes gibt es einen Fahrradständer, an dem wir unsere Räder festmachen. Als Erstes stoßen wir auf das **Burgrestaurant** **2**, direkt daneben befindet sich die Jugendherberge. Gegenüber erreichen wir ein wenig ansteigend die Ruinen um den Burghof und den intakten Bergfried, den wir über zahlreiche hölzerne Stufen erklimmen, um von oben einen fantastischen Rundblick zu genießen. Die gesamte riesige Burganlage, dahinter Thallichtenberg und rundum die grünen Hügel des Westrich, Teil des Nordpfälzer Hügellandes, breiten sich vor uns aus. Schließlich statten wir noch im hinteren Burgbereich dem modernen **Urweltmuseum Geoskop** **3** einen Besuch ab, bevor wir denselben Weg wieder zurückfahren bis zur Bahntrasse.

Urweltmuseum

Für die Seele

Durch Tunnel und über Viadukte entspannt durch die Nordpfälzer Berge, mit einem Abstecher zur Burg Lichtenberg.

Im weiteren Verlauf unterqueren wir bei Pfeffelbach einen schönen Viadukt über einen Taleinschnitt. Später kreuzen wir die **A 62** und bald danach unmittelbar vor Schwarzerden die Grenze zum Saarland. Hier müssen wir am Zaun einer riesigen Industrieanlage entlangfahren, die sich auf dem Bahngelände breitgemacht hat. Am Ende der Fabrik stoßen wir auf alte Waggons einer offensichtlich noch vorhandenen Gleisanlage. Diese gehört zur Ostertalbahn, die Schwarzerden heute als Endbahnhof hat, und nach Ottweiler führt. Der reguläre Bahnbetrieb ist stillgelegt. Im Jahr 2000 hat der Landkreis St. Wendel die Bahnlinie von der Deutschen Bahn übernommen, um darauf noch gelegentlich Gütertransporte und Museumszugfahrten stattfinden zu lassen.

Die 1214 erstmals urkundlich erwähnte Burg Lichtenberg ist heute eine der größten Burgruinenanlagen Deutschlands. Sie wurde im Laufe ihrer Geschichte niemals erobert oder durch Angreifer zerstört. Ein Großbrand besiegelte 1799 schließlich ihr Schicksal als Ruine.

Wir fahren rechts der Gleisanlage weiter, schließlich leicht bergab und kreuzen die **St. Wendeler Straße.** Der Radweg führt gegenüber weiter, steigt wieder leicht an und führt parallel zum Bahndamm weiter. Wir überqueren eine weitere schmale Straße, worauf sich die Trasse der Ostertalbahn nach links entfernt

Nordpfälzer Wald

Bahnhof Schwarzerden

und wir gleich wieder auf unserer Bahntrasse weiterfahren können.

Bald wartet schon der nächste Tunnel auf uns, der uns in einer Linkskurve nach Oberkirchen bringt. Den im Tal liegenden Ort überqueren wir auf einem Highlight der Strecke, der schön sanierten und nach rechts geschwungenen **Talbrücke Oberkirchen ④**. Von dort bietet sich ein beindruckender Blick auf die Dächer des Städtchens.

Ein Stück weiter erreichen wir den Rastplatz Dorfblick mit einer Stempelstelle des Jakobswegs, der sich seit Thallichtenberg ein Stück der Strecke mit dem Fritz-Wunderlich-Weg teilt. Es gibt hier noch eine weitere Besonderheit, denn an einem gekühlten Saftschrank kann man sich den ein oder anderen alkoholfreien Durstlöscher kaufen.

Bei der weiteren Fahrt nehmen wir kaum wahr, dass sich die Bahntrasse in einer 180-Grad-Kurve um den Weiselberg langsam in die Höhe schraubt. Das können wir beim Blick auf die Karte deutlich erkennen. Kein Ort und keine Straße stören hier die Naturidylle. Bevor wir die **Eiserne Brücke** ⑤ kurz vor Freisen erreichen, geht es noch ein recht langes Stück geradeaus durch einen schönen Wald. Da die Brücke noch nicht saniert ist, müssen wir sie auf einem Bogen umfahren.

Nach einer lang gezogenen Linkskurve endet unser Weg recht unspektakulär an einem Rastplatz im Wald mit Infotafeln über den Fritz-Wunderlich-Weg und das St. Wendeler Land. Man erkennt, dass die total zugewachsene und nicht befahrbare Bahntrasse hier weiterführt. Es bleibt zu hoffen, dass Pläne, den Radweg in diese Richtung weiter auszubauen, in die Tat umgesetzt werden. Bis dahin bleibt uns nichts anderes übrig, als entweder über den ab hier asphaltierten Weg in die Ortsmitte zur **Gaststätte Eiscafé Bettin** ⑥ zu fahren, um dort ein Eis zu essen, oder gleich hier umzudrehen und zurück nach Kusel zu fahren. Da es, wie wir ja nun wissen, vorwiegend bergab geht, schaffen wir die 20 Kilometer sicher in gut einer Stunde. In der Kuseler Altstadt können wir zum Abschluss zum Beispiel im **Revilo Bistro** ⑦ oder **Ristorante Pizzeria Da Pino** ⑧ einkehren, um den Tag ausklingen zu lassen.

Talbrücke Oberkirchen

Die Westrichbahn

Die Westrichbahn genannte Nebenstrecke führte von der Nahetalbahn in Türkismühle über Wolfersweiler, Freisen, Oberkirchen, Schwarzerden und Thallichtenberg nach Kusel. Die Bezeichnung Westrich, die der Bahnlinie ihren Namen gab, wird seit dem Mittelalter für die Region verwendet, die heute die westliche Pfalz, das östliche und südliche Saarland, das östliche Lothringen und das Unterelsass umfasst. Die aufwendig gebaute Strecke wurde nach vierjähriger Bauzeit am 15. November 1936 mit einem Sonderzug von Türkismühle nach Kusel eröffnet. In Schwarzerden zweigte die 1938 gebaute Ostertalbahn ab, eine Nebenbahn, die nach Ottweiler führte und eine Verbindung nach St. Wendel und Neunkirchen (Saar) herstellte. Schon bald erfuhr sie eine strategische Bedeutung im Zweiten Weltkrieg. Die schrittweise Stilllegung zog sich von den 1950er-Jahren bis 2014 hin. Der Abschnitt Freisen–Kusel wurde bereits 1993 als Fritz-Wunderlich-Weg für Radler und Wanderer eröffnet. Eine Verlängerung des Radwegs über Freisen hinaus ist geplant.

Thallichtenberg
Körborn
Burg Lichtenberg
K 23
Blaubach
Eckersweiler
L 348
L 133
L 315
Freisen
L 176
Aalbach
L 176
K 24
Ruthweiler
L 349
K 22
Hauptstraße
Reichweiler
Pfeffelbach
L 123
Kuselbach
Bledesbach
DB
P
Kusel
L 362
Pfeffelbach
L 349
Oster
L 122
Schwarzerden
Homburger Straße
Bledesbach
420
L 309
62
L 360
Weiselberg
Fritz-Wunderlich-Weg
Oberkirchen
L 317
Ehweiler
L 122
L 311
Albessen
Schellweiler
Herchweiler
Haupersweiler
L 309
420
Konken
Selchenbach
Osterbrücken
Langenbach
Hüffler

Entspannung ★★★★☆
Genuss ★★★☆☆
Romantik ★★★★☆

WIE & WANN:
Durchgehend auf der Bahntrasse und autofrei, nicht asphaltiert, konstant geringfügig ansteigend. Kurzer steiler Anstieg (8 %) bei Abstecher zur Burg Lichtenberg. Ganzjährig befahrbar, beste Radelzeit Mai bis Oktober

HIN & WEG:
Auto: Parkplatz am Bahnhof Kusel (GPS: 49.53798, 7.41036)
ÖPNV: Bf. Kusel (RB)

ESSEN & ENTSPANNEN:
Burgrestaurant auf Burg Lichtenberg ❷ 66871 Thallichtenberg, Tel. (0 63 81) 26 33
Gaststätte Eiscafé Bettin ❻ Schulstraße 15, 66629 Freisen, Tel. (01 71) 9 26 87 34
Revilo Bistro ❼ Trierer Straße 4–6, 66869 Kusel, Tel. (0 63 81) 9 96 95 56, www.revilo-kusel.de
Ristorante Pizzeria Da Pino ❽ Trierer Straße 36, 66869 Kusel, Tel. (0 63 81) 35 35, www.hauswirtschaft-koch.de

ENTDECKEN & ERLEBEN:
Burgruine Lichtenberg ❶
Urweltmuseum Geoskop ❸ Burg Lichtenberg, Burgstraße 19, 66871 Thallichtenberg, Tel. (0 63 81) 99 34 50, www.urweltmuseum-geoskop.de
Talbrücke Oberkirchen ❹
Eiserne Brücke ❺

- 18 Kilometer
- 178 Höhenmeter
- 2–3 Stunden
- Streckentour

Landschaft am Kylltal-Radweg

Wer die Tour am Bahnhof Jünkerath startet, folgt von der Bahnhofstraße dem hier vorbeiführenden Kyll-Radweg, ausgeschildert mit dem grün-weißen Schild auf dem ein gelbes e, ein blauer Radfahrer und der Schriftzug Kyll in Blau zu sehen sind. Es geht in Richtung Stadtkyll. Auf dem 1,7 Kilometer langen

Stille und Weite

Auf den Höhen der Vennquerbahn

Weg bis zum Beginn der Bahntrasse kommt man durch ein Gewerbegebiet mit Supermärkten und an einem Bäcker vorbei, wo man sich noch mit allem versorgen kann, was man für ein schönes Picknick braucht. Entlang der Route gibt es wenig Einkehrmöglichkeiten, aber mehrere Rastplätze und einen öffentlichen Badestrand am Kronenburger See.

Bei dieser Tour gibt es kein Auf und Ab, sondern nur eine einzige durchgehende, aber dafür ganz sanfte Steigung, die mit normalen Rädern gut zu bewältigen, mit einem E-Bike kaum wahrnehmbar ist. Der Rückweg mit stetem leichten Gefälle ist umso entspannter.

Wir starten unsere Tour vom Parkplatz Kyll-Radweg im Jünkerather Ortsteil Glaadt, indem wir die Straße ein Stückchen zurückfahren und uns links halten bis zur Glaadter Hütte. Hier biegen wir rechts ab (wenn man vom Bahnhof kommt, links) und folgen der Wegmarkierung Kyll-Radweg, die uns auf der ganzen Tour begleiten wird.

Nach etwa 170 Metern führt der Weg durch einen Einschnitt der Bahntrasse. Unmittelbar danach biegen wir links ab und werden auf den Bahndamm geführt. Wenn wir keine Abstecher machen würden, könnten wir durchgehend bis zur belgischen Grenze auf der perfekt asphaltierten Bahntrasse fahren.

Wir radeln entspannt am Rand des weiten Kylltals und blicken nach links über Wiesen und Felder mit

Kronenburger See

Bäumen und Sträuchern. Nach gut einem Kilometer erkennen wir links unten im Tal das recht malerisch gelegene Stadtkyll. Nach rechts an einer Abzweigung können wir einen Abstecher in den kleinen Ort machen, um z.B. im **Café-Bäckerei-Eiscafé Doppelfeld** 1 zu frühstücken oder uns mit Zutaten für ein Picknick einzudecken.

Für die Seele

Von den lauschigen Tälern der Kyll entspannt auf sanfte Höhen mit fantastischen Aussichten auf die Hügel der Westeifel.

Wenig später passieren wir das schöne ehemalige Bahnhofsgebäude hinter einer Hecke, das sich heute in Privatbesitz befindet. Während sich links unter uns die Kyll durchs Tal schlängelt, erreichen wir etwa 2 Kilometer weiter den großen **Rastplatz an der Pelmer Eisenbahnbrücke** 2 mit Picknickbänken und -tischen, einem ausrangierten Güterwaggon, in dem man bei Regen Pause machen kann, und einem Toilettenhäuschen. Interessantes weiß eine Infotafel über die Brücke zu erzählen, die wenige Meter weiter die Kyll überspannt, die sich hier tief unter uns in einer engen Schlucht ihren Weg bahnt. Ende des Zweiten Weltkriegs wurde das Bauwerk von deutschen Soldaten gesprengt. Damals war die Bahnstrecke noch zweigleisig. Nach dem Krieg hat man dann aus den in die Kyll gefallenen Trümmern eine neue eingleisige Brücke errichtet, über die wir nun fahren.

Nach einer lang gezogenen Rechtskurve, auf die ein Bogen nach links folgt, halten wir unwillkürlich an einer deutlichen **weißen Markierung auf der Fahrbahn** an. Hier überqueren wir die Landesgrenze von Rheinland-Pfalz nach Nordrhein-Westfalen. Wir werden

Die Vennquerbahn wurde 1912 als Verbindung zwischen Jünkerath und der Vennbahn in Belgien als zweigleisige Strecke eröffnet. Nach dem Zweiten Weltkrieg wurde sie nur noch eingleisig betrieben bis zur Stilllegung 1963. Die Eröffnung als Premium-Radweg erfolgte erst 2015.

auf der Tour noch zwei weitere Male diese Landesgrenze überfahren, bevor wir an der deutsch-belgischen Staatsgrenze die Rückfahrt antreten.

Nach etwa 3 Kilometern erreichen wir den ehemaligen Bahnhof von Kronenburg, vom Radweg ist er allerdings hinter dem vielen Grün kaum zu erkennen. Hier gibt es einen Abzweig nach rechts, der in das historische Zentrum von **Kronenburg** ③ oben auf dem Berg führt. Es ist ein wirklich lohnender Abstecher, wenn auch durch den Anstieg nicht ganz ohne Anstrengung. Sollten wir uns dazu entschließen, müssen wir die Kyll überqueren und an der Hauptstraße **B 421** nach rechts fahren, um dann wenig später nach links zum historischen Ortskern abzubiegen. Wem der Anstieg zu steil ist, kann den Fußweg, der bei der Bushaltestelle vor der Straßenabzweigung beginnt, nehmen. Oben erwartet uns ein zauberhaftes Örtchen mit schmalen Gässchen, mittelalterlichen Häusern mit Galerien und Kunsthandwerkläden rund um den Burgbering, einer Burgruine und einem Schlosshotel.

Das historische Kronenburg hoch über dem Tal besitzt wegen der vielen mittelalterlichen Gebäude einen sehr pittoresken Ortskern. Anstelle der Burg, die bereits im 18. Jahrhundert verfiel, entstand das Burghaus Kronenburg, heute ein schickes Schlosshotel.

Zurück auf dem **Bahntrassenradweg** erreichen wir bald den Stausee mit dem Strandbad **Kronenburger See** ④. Zuvor haben wir mehrmals einen schönen Blick auf Kronenburg, das rechts über dem Kylltal auf dem Felssporn liegt. Das Strandbad lädt mit seinem See zum Baden ein, und das nette kleine **Restaurant & Café Seeterrasse** ⑤ bietet eine tolle Speisekarte und einen schönen Blick auf den See und Kronenburg. Wir entschließen uns zu einer Pause, um etwas zu entspannen. Bei Badebetrieb hat auch der kleine Imbiss direkt unter dem Lokal geöffnet. Zum Freizeitgelände gehören auch ein Wasserseilgarten, ein Bootsverleih sowie ein Minigolfplatz unterhalb des Staudamms, sodass auch einer sportlichen Betätigung nichts im Weg stünde.

Von dichtem Grün umgeben, setzen wir unsere Fahrt auf der weiterhin leicht ansteigenden Trasse fort. Wenn wir am Ende des Stausees ankommen, ver-

Blick auf Hallschlag mit Kirche

lassen wir das Tal der Kyll, das hier in Richtung Norden verläuft und wenig später Richtung Westen bis zur Quelle bei der Siedlung Losheimergraben an der deutsch-belgischen Grenze führt.

Bevor die Bahntrasse an Hallschlag, das unten im Tal liegt, in einer riesigen Serpentine vorbeiführt, treffen wir auf das Gelände des ehemaligen Bahnhofs von Hallschlag. Es liegt ein ganzes Stück außerhalb des Ortes und dient heute als Parkplatz für Benutzer des Radwegs und als Rastplatz.

Von einer **Brücke** über eine in den Ort führende Straße kann man kurz einen Blick auf Hallschlag unten in der Talsenke erhaschen. Auch die Bahnlinie musste das Tal überwinden, wozu ein sehr **hoher Damm** aufgeschüttet wurde, um auf gleicher Höhe die andere Talseite zu erreichen. Von hier haben wir einen schönen Blick in die Landschaft. Gegenüber auf der Anhöhe drehen sich fleißig mehrere Windräder einer Windkraftanlage. Am Ende eines künstlichen Taleinschnitts halten wir kurz, um das idyllische Bild der alten Dorfkirche zu genießen, die aus dem dicht bewaldeten Tal herausragt.

Radweg bei Hallschlag

In einer lang gezogenen Linkskurve überqueren wir wieder über einen sehr hoch aufgeschütteten Bahndamm ein weiteres Tal, in dem der Fangbach seine Kurven zieht. An den Talhängen wechseln sich grüne Weiden mit kleinen Wäldchen, Bäumen und Hecken ab. Eine wunderschöne ursprüngliche Landschaft, die weitgehend von der Flurbereinigung verschont geblieben ist. Im reizvollen Kontrast dazu stehen die Windkraftwerke, die am nahen Horizont vor dem Himmel aufragen. Kein Straßenverkehr oder Fluglärm stört hier, stattdessen können wir dem Zwitschern der Vögel und dem Zirpen der Grillen lauschen, lediglich begleitet vom leisen Surren des Profils unserer Räder.

Nach der relativ langen Fahrt über Dämme und entlang grüner Wiesen kommen wir an dicht bewachsenen Hängen wieder durch einen Taleinschnitt, der für die Bahnlinie künstlich geschaffen wurde. Schließlich wird der Blick wieder freigegeben auf die sanft gewellte Landschaft der Hochebene, die wir hier bei Losheim auf rund 600 Höhenmetern nun erreicht haben.

Landesgrenze auf dem Radweg

Kurz hinter dem **ehemaligen Bahnhof,** der jetzt einer Baufirma gehört, wie unschwer zu erkennen ist, zweigt links ein **Fahrradweg** ab, der nicht nur nach St. Vith und Manderfeld in Belgien führt, sondern auch zum **Ardenner Cultur Boulevard** ❻. Der Gebäudekomplex mit mehreren sehenswerten Sammlungen, vor allem der schönen Ars Krippana, Europas größter Krippensammlung, oder der Ars Tecnica, die 1997 als größte digital gesteuerte Modelleisenbahnanlage eröffnet wurde, liegt direkt auf der deutsch-belgischen Grenzlinie und gehört zur Gemeinde Losheim. Entstanden ist die Anlage nach dem Zweiten Weltkrieg aus dem Ardenner Grenzmarkt.

Wir fahren weiter auf dem Vennquerbahn-Radweg, wobei die Trasse zunächst in einer Rechtskurve

Panzersperren

und dann wieder in einem großen, weiten Linksbogen um Losheim herum auf die Staatengrenze zuführt. Immer wieder führt die Trasse durch künstliche Taleinschnitte, um uns heute wie seinerzeit der Dampfeisenbahn unnötige Steigungen zu ersparen. An vielen Stellen haben wir herrliche Ausblicke auf die sanfte Hügellandschaft der sonst so rauen Eifel.

Direkt nach der großen Linkskurve zweigt beim Fahrradweg-Knotenpunkt 27 rechts ein Weg ab, den wir nicht beachten müssen. Stattdessen sollten wir einen Blick auf die pyramidenförmigen Betonpoller zwischen den Bäumen und Sträuchern genau gegenüber am linken Rand des Radwegs werfen. Sie sind als Panzersperre Teil des **Westwalls 7**. Der ist mit einer Gesamtlänge von 630 Kilometern ein außerordentlich aufwendiges Bauwerk, das als Verteidigungslinie gegen feindliche Angriffe aus dem Westen zwischen 1938 und 1940 errichtet worden war.

Gute 800 Meter weiter treffen wir auf den letzten **Rastplatz** vor der **deutsch-belgischen Grenze 8**, auf die wir weitere 700 Meter später unter der **Straßenbrücke der B 265** treffen. Der Vennquerbahn-Radweg führt hier weiter als RAVel L.45a bis er 18 Kilometer später zwischen Bütgenbach und Weywertz in die Vennbahn-Route mündet. Wir drehen an der Grenze allerdings um und freuen uns auf die Rückfahrt, wo wir die Räder 18 Kilometer fast durchgehend leicht bergab rollen lassen und dabei die Landschaft aus der anderen Richtung noch einmal genießen können.

Die Vennquerbahn Jünkerath—Weywertz

Die Bahnstrecke von Jünkerath nach Weywertz im heutigen Belgien wurde 1904 als Verlängerung der Bahnstrecke Dümpelfeld–Hillesheim–Lissendorf geplant, um eine Verbindung zur Vennbahn herzustellen. 1912 wurde die Strecke von Dümpelfeld über Jünkerath nach Weywertz eröffnet. Der Bau der Strecke erfolgte in erster Linie aus strategischen Gründen. Im Falle eines Krieges mit Frankreich wollte man französisches Gebiet über das neutrale Belgien erreichen, da die deutsch-französische Grenze von den Franzosen mit Sperranlagen befestigt worden war. Die Bahnlinie wurde deshalb zweigleisig und mit nur mäßigen Steigungen für lange Kriegszüge ausgebaut. Im Ersten Weltkrieg wurde die Strecke entsprechend stark genutzt. Mit dem Bau des Westwalls ab 1936 gewann sie wieder stark an Bedeutung. Nach Beseitigung der Kriegsschäden konnte die Bahnlinie 1947 wieder in Betrieb genommen werden. Aber schon bald nahm der Personenverkehr stark ab, so dass der Abschnitz Losheim–Weywertz bereits 1952 geschlossen wurde. 1963 folgte die Strecke von Jünkerath nach Losheim. 1981 fuhr schließlich auch der letzte Güterzug. Erst 2013 begann der schrittweise Ausbau der Bahntrasse zum Radweg, der im Mai 2015 eröffnet werden konnte.

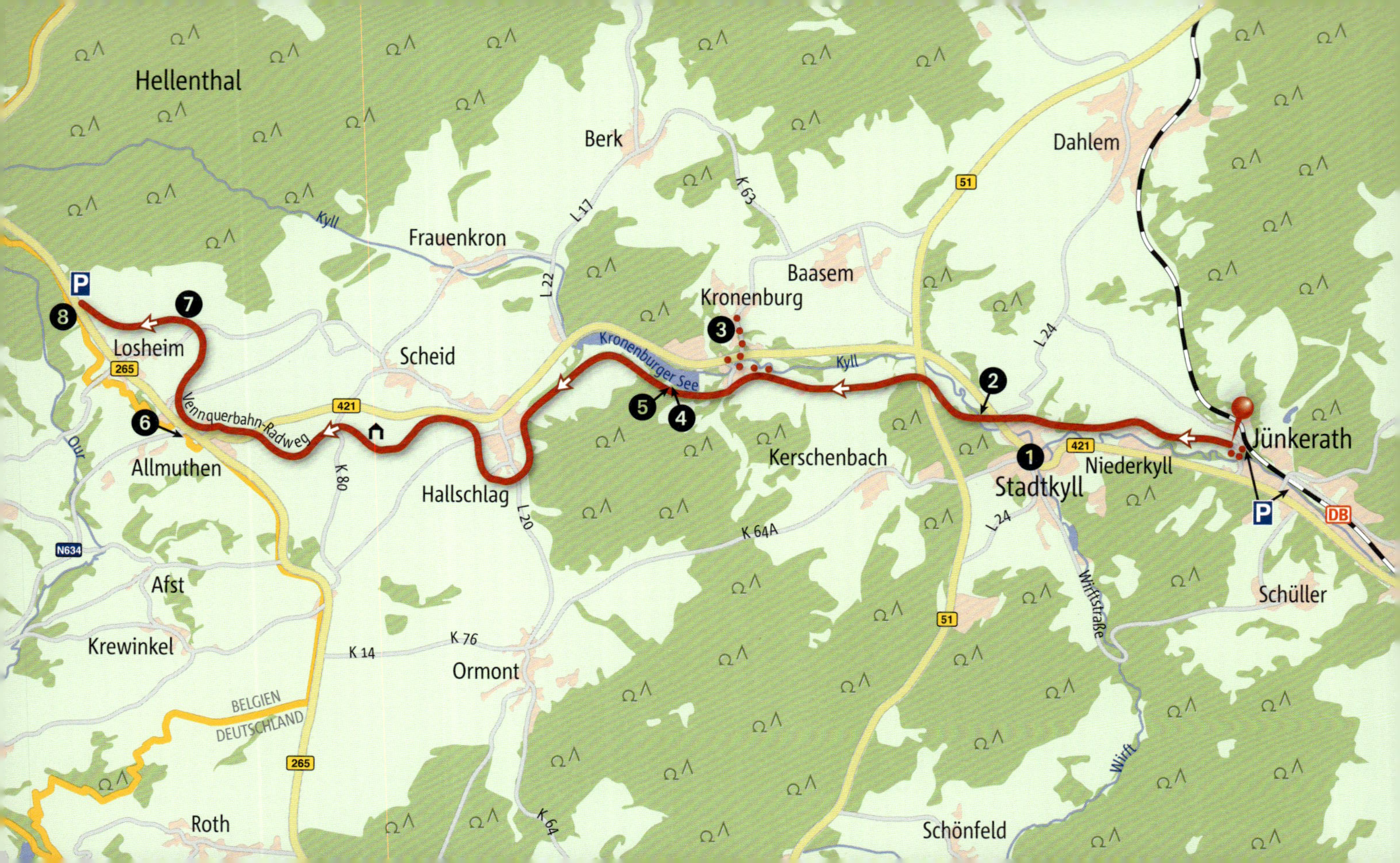
Hellenthal
Berk
Dahlem
Kyll
Frauenkron
Baasem
Kronenburg
Kronenburger See
Losheim
Scheid
Vennquerbahn-Radweg
Allmuthen
Hallschlag
Kerschenbach
Stadtkyll
Niederkyll
Jünkerath
DB
Schüller
Wirftstraße
Wirft
Afst
Krewinkel
Ormont
Schönfeld
Roth
BELGIEN
DEUTSCHLAND
Our
N634
265
421
51
L 17
L 22
L 20
L 24
K 63
K 80
K 64A
K 76
K 14
K 64

Alles auf einen Blick

WIE & WANN:
Durchgehend autofrei auf der Bahntrasse, sehr gut asphaltiert, leicht ansteigend. Wenig Schatten. Teil des Kyll-Radwegs Losheimergraben (B)–Trier. Wenige Einkehrmöglichkeiten. Rückfahrt auf derselben Strecke dank des Gefälles in knapp 1 Stunde. Ganzjährig befahrbar, beste Radelzeit Mai bis Oktober

Entspannung ★★★★★
Genuss ★★★☆☆
Romantik ★★★★☆

HIN & WEG:
Auto: Parkplatz Kyll-Radweg im Ortsteil Glaadt, Am Glaadtbach 3–5, 54584 Jünkerath (GPS: 50.351928, 6.565503)
ÖPNV: Bf. Jünkerath (RB), von dort mit dem Rad auf dem Kyll-Radweg (beschildert) nach Nordwesten in Richtung Stadtkyll.
Tourvarianten: Fortführung der Tour bis Weywertz (18 Kilometer, 1 Stunde), dort Anschluss an den Vennbahn-Radweg nach Aachen, St. Vith (Belgien) oder Troisvierges (Luxemburg). Richtung Süden von Junkerath auf dem Kyll-Radweg bis Trier (circa 100 Kilometer, nicht auf Bahntrasse).

ESSEN & ENTSPANNEN:
Café-Bäckerei-Eiscafé Doppelfeld ❶ Raiffeisenplatz 3, 54589 Stadtkyll, Tel. (0 65 97) 49 73, www.cafe-doppelfeld.de
Restaurant & Café Seeterrasse ❺ Seeuferstraße 6, 53949 Dahlem-Kronenburg, Tel. (0 65 57) 9 00 91 77, www.kronenburger-see.de/Gastronomie

ENTDECKEN & ERLEBEN:
Rastplatz an der Pelmer Eisenbahnbrücke ❷ **Kronenburg** ❸
Strandbad Kronenburger See ❹ www.kronenburger-see.de
Ardenner Cultur Boulevard ❻ Prümer Straße 55, 53940 Losheim/Eifel, www.a-c-b.eu
Panzersperre am Westwall ❼
Deutsch-belgische Grenze ❽

27 Kilometer
200 Höhenmeter
2 Stunden
Streckentour
Burg Neuerburg

Wir beginnen unsere Tour am kleinen **Eisenbahnmuseum Pronsfeld** ① neben den letzten verbliebenen Metern Schienen am ehemaligen Pronsfelder Bahnhof. Mit der roten Rangierlok im Rücken treffen wir auf die **Hauptstraße.** Wenn man hier links abbiegt, erreicht man nach wenigen Hundert Metern in der Ortsmitte von

Die Eifelhöhen

Durch Wald und Wiesen ins Enztal

Pronsfeld das **Ristorante Pizzeria Da Mario** ②, eine von nur sehr wenigen Einkehrmöglichkeiten auf dieser Tour. Wir überqueren die Straße, wonach sich der Radweg gabelt wie früher die Schienenstränge. Während der rechte Weg durch das idyllische Alfbachtal Richtung Nordwesten nach St. Vith in Belgien führt (Tour 1), halten wir uns links auf dem **Prüm-Radweg** und folgen zunächst der Beschilderung Richtung Waxweiler.

Nachdem wir den Alfbach überquert haben, der hier gleich in die Prüm mündet, taucht der Weg in einen grünen Tunnel aus Bäumen und Sträuchern ein. Ohne störende Straßenbegleitung geht es hier weiter auf einem schattigen Weg am Rand des breiten Tals der Prüm. Schon nach 400 Metern erkennt man, wenn man genau darauf achtet, dass sich die Bahntrasse gabelt und sich rechts von uns, im Wald von Bäumen und Unterholz bewachsen, leicht ansteigend eine ehemalige Trasse von unserem Weg entfernt. Sie stellt den Beginn der Stichbahn nach Neuerburg dar, auf die wir bald schon wieder treffen werden.

Wir fahren geradeaus weiter, bis wir auf eine Lichtung treffen. Rechts von uns erkennen wir einen Via-

Um den schönen Viadukt bei Lünebach, über den wir radeln, auch sehen zu können, lohnt es sich, nach der Brücke den ersten unasphaltierten Feldweg nach links zu nehmen, von dem aus man nach knapp 100 Metern einen schönen Blick auf das talüberspannende Bauwerk hat.

dukt der ehemaligen Bahnlinie nach Neuerburg, der hier leider nicht als Radweg ausgebaut ist. Nach der Überquerung des kleinen Bierbachs biegen wir rechts ab Richtung Arzfeld und Eifel-Zoo. Nach kurzem Anstieg überqueren wir die kleine Landstraße von Lünebach nach Masthorn, über die man rechts abbiegend nach wenigen Hundert Metern den **Eifel-Zoo** 3 erreichen kann. Gegenüber der Straße steigt der Weg etwa 130 Meter weiter steil an. Danach haben wir den Bahndamm der Bahnlinie nach Neuerburg erreicht und können ab hier fast durchgehend auf der gut asphaltierten Bahntrasse bequem bis ans Ziel radeln. Bis knapp zur Hälfte unserer Tour wird sie stetig leicht ansteigen, um uns nach dem höchsten Punkt kurz vor Arzfeld bis nach Neuerburg entspannt talwärts radeln zu lassen.

Nach einer lang gezogenen Rechtskurve überqueren wir in beeindruckender Höhe auf einem Viadukt bei Lünebach einen Taleinschnitt. Im weiteren Verlauf fahren wir im Wechsel durch kleine Wälder, über Wiesen und Felder und genießen immer wieder den

Blick auf die weite Hügellandschaft. Links von uns auf der gegenüberliegenden Seite des uns begleitenden Kelsbachtals zieren einige sich fleißig drehende Windräder die Hügel. Nach wenigen Hundert Metern treffen wir auf den Beginn des **Baum-Abc** ④. Hier haben fleißige und kreative Menschen entlang des Weges zu jedem Buchstaben des Alphabets einen Baum mit

Für die Seele

Vom Tal der Prüm über grüne Hügel der Eifel in die historische Altstadt von Neuerburg.

Altstadt von Neuerburg

Blick von der Kanzel auf Neuerburg

dem entsprechenden Anfangsbuchstaben gepflanzt, von Ahorn bis Zwetschge.

Wir erreichen schließlich den Bahnhof Üttfeld, der wie alle Bahnhofsgebäude auf dieser Strecke privatisiert wurde, weshalb wir die Trasse auf zwei Schlenkern kurz verlassen müssen, auf die **Hauptstraße** stoßen, auf sie rechts abbiegen, um nach wenigen Metern gegenüber eines Raiffeisengebäudes wieder links auf den Radweg auf der Bahntrasse abzubiegen.

Das Islek, auch Ösling genannt, ist ein Ausläufer der Ardennen und umfasst den Norden Luxemburgs, den südlichen Teil Ostbelgiens und die westlichen Teile des Landkreises Bitburg-Prüm in der deutschen Eifel.

Der Weg führt uns weiter über mehrere lang gezogene Kurven zunächst noch leicht ansteigend und dann fast eben bis Arzfeld, von wo er dann stetig leicht bergab führen wird. Immer wieder haben wir einen fantastischen Blick auf die Höhenlandschaft des Islek mit seinen dunklen Nadelwäldern, Wiesen und Feldern. Kein Windkraftwerk, kein Straßenlärm und kein Gewerbegebiet trüben hier den Eindruck perfekter Landidylle. Es lohnt sich, auf die unterschiedlichen Vegetationszonen zu achten, die durch den Bau der Bahntrasse und ihre Eingriffe in die Landschaft entstanden sind. Während in den schattigen und feuchten künstlichen Taleinschnitten Farne und Schachtelhalme gedeihen, wachsen an den sonnigen, trockenen Bahndämmen Blumen, die mit dem kargen Boden gut zurechtkommen.

Nach einem längeren Stück Weg durch einen Wald treffen wir auf eine kleine Straße, auf der wir uns rechts halten. An der kurz darauf folgenden Rechtskurve fahren wir geradeaus entlang eines Zauns, der auf dem ehemaligen Bahnhofsgelände von Arzfeld das Ausstellungsgelände der Westeifelschau umgibt. Danach passieren wir das alte Bahnhofsgebäude und treffen auf die recht stark befahrene Bundesstraße **B 410,** die rechts hinunter in die Ortsmitte von Arzfeld führt. Nach circa 100 Metern befinden sich dort für einen Imbiss auf der rechten Straßenseite eine Metzgerei und eine Filiale der **Prümtaler Mühlenbäckerei 5.**

Wir überqueren die Straße schräg nach links, wo unser Radweg nun wieder direkt auf der Bahntrasse

Stausee Arzfeld

weiterführt. Ab hier geht es nun stetig leicht bergab, nach einer lang gezogenen Rechtskurve geradeaus fast direkt auf den Arzfelder Stausee zu, einem kleinen romantisch gelegenen See mit Liegewiese und Picknickplatz, der zu einer Rast einlädt. Er wird gespeist von der Enz, die nur ein Stück oberhalb von Arzfeld entspringt und den Beginn des Enztals bildet, durch das wir ab hier fahren werden.

Der weitere Verlauf des Weges führt die nächsten 5 Kilometer immer entlang der Enz durch ein ruhiges, idyllisches und vollkommen unberührtes Tal. Auf dem ehemaligen Bahnhofsgelände des winzige Dörfchens Zweifelscheid müssen wir uns an einer Gabelung links halten, um weiter auf der Bahntrasse talwärts zu fahren. Kurz danach überqueren wir die **Dorfstraße** und fahren weiter durch schattigen Wald, bis wir auf den ersten von zwei Tunneln treffen, den 125 Meter langen **Weidendell-Tunnel** 6, der wie alle Tunnel kalt, aber beleuchtet ist.

Weiter geht es auf schattigem Weg im immer enger werdenden Enztal. Links auf der anderen Seite des Bachs begleitet uns nun eine Landstraße mit mäßigem Verkehr bis an unser Tagesziel. Nach etwa 2 Kilometern treffen wir auf den zweiten, 117 Meter langen Tunnel, den **Neuerburger Tunnel** 7, unmittelbar vor dem Bahnhof von Neuerburg. Da das alte Bahnhofsgelände nun von einem Gewerbegebiet in Beschlag genommen worden ist, müssen wir nach der Tunnelausfahrt links und dann auf der Hauptstraße, die an dieser Stelle **Kölner Straße** heißt, nach rechts weiter talwärts Richtung Ortsmitte von Neuerburg fahren.

Der Bahntrassenradweg Pronsfeld–Neuerburg ist Teil des insgesamt 44 Kilometer langen Enz-Radwegs, der bis Holsthum führt, wo die Enz in die Prüm mündet. Von hier kann man nach 48 Kilometern über den Prümtal-Radweg den Ausgangsort Pronsfeld erreichen.

Nach einer Rechtskurve und zwei leichten Linkskurven erreichen wir die Ortsmitte, wo rechts der Straße die kanalisierte Enz fließt und wir an der zweiten Brücke nach rechts die Hauptstraße, hier **Tränkstraße,** verlassen können und uns im historischen Ortskern mit kleinen Gässchen wiederfinden. Vor der Schloss-Apotheke führt links eine Gasse namens **Im Schlöffchen** zum Marktplatz, an dem das **Restaurant bei Johan** 8 mit seiner Außenbewirtschaftung zur Einkehr einlädt.

Von hier aus lässt sich die kleine Altstadt leicht erkunden. Kulturinteressierte sollten sich die gotische **Pfarrkirche St. Nikolaus** 9 mit ihrem stimmungsvollen Inneren und die kleine gotische **Eligiuskapelle** 10 mit ihren Fresken anschauen. Über der Altstadt thront die **Burganlage** 11, die seit den Zwanzigerjahren als Jugendherberge dient. Innenhof, Kapelle und Ruine sind zugänglich.

Bei der Eligiuskapelle handelt es sich um den 1437 erbauten Chorraum mit schönen Fresken der ehemaligen Hospitalskirche, deren Kirchenschiff 1886 durch Brandstiftung zerstört wurde und für Gottesdienste der Hämmerer-Zunft oder Eligiusbruderschaft diente.

Wer zum Abschluss noch Lust hat, einen fantastischen und malerischen Blick auf die gesamte Altstadt im engen Enztal zu genießen, sollte den Aufstieg zum **Aussichtspunkt Kanzel** 12 nicht scheuen. Man kann ihn mit etwas Kraftanstrengung über die recht steile Straße **Am Rosenberg** erreichen, wenn man nach der dritten Haarnadelkurve rechts in einen unasphaltierten ebenen Weg abbiegt, dem man noch 400 Meter folgt. Der Eindruck von dort bleibt unvergesslich.

Pronsfeld–Neuerburg

Seit 1888 rollten Züge der Westeifelbahn, einer Nebenstrecke, die Gerolstein mit St. Vith im heutigen Belgien verband. 1907 wurde aus dem Bahnhof Pronsfeld ein Bahnknotenpunkt, wo Fahrgäste in die Stichbahn in das gut 25 Kilometer entfernte Neuerburg im Enztal umsteigen konnten. An Gütern wurde vor allem land- und forstwirtschaftliche Güter und Baumaterial befördert. Die Bahnlinie bot vielen Menschen der Region Arbeit und sicheres Einkommen. Seit 1922 verkehrten nur noch Waggons der dritten und vierten Klasse, die zweite Klasse fiel weg. Im Krieg wurde die Strecke durch die Alliierten und deutsche Truppen auf dem Rückzug stark beschädigt und nach und nach erst 1952 wieder in Betrieb genommen. Aber schon 1969 wurde der Personenverkehr eingestellt, und erst zwanzig Jahre später rollte der letzte Güterzug. Damit wies diese Strecke von den drei von Pronsfeld startenden Linien noch am längsten nennenswerten Güterverkehr auf. Seit 2008 ist die gesamte Strecke bis auf den Viadukt bei Lünebach als Fahrrad- und Fußweg ausgebaut.

Großkampenberg
Masthorn
Pronsfeld
St.-Remigius-Straße
Prüm
Strickscheid
Leidenborn
Dorfstraße
Hauptstraße
Euscheid
Lünebach
Lierfeld
Üttfeld
Sengerich
Kinzenburg
410
Binscheid
Lichtenborn
Pintesfeld
Dreis
Faulenpuhl
Reiff
Manderscheid
Waxweiler
Arzfeld
Lauperath
Irrhausen
Neurath
Olmscheid
Krautscheid
Emmelbaum
Heilbach
Jucken
Ammeldingen bei Neuerburg
Uppershausen
Plascheid
Berkoth
Zweifelscheid
Leimbach
Karlshausen
Scheuern
Hütten
Neuerburg
Weidingen
L 1
L 9
K 116
L 16
K 119
L 15
L 14
L 12
K 122
K 58
K 140
L 10
L 13
K 60
K 57
K 62
K 53
1
2
3
4
5
6
7
8
9
10
11
12
P

Alles auf einen Blick

WIE & WANN:
Durchgehend autofrei und asphaltiert auf der je zur Hälfte leicht ansteigenden und abfallenden Bahntrasse. Nördlichster Teil des Enztal-Radwegs. Ganzjährig befahrbar, beste Radelzeit Mai bis Oktober

HIN & WEG:
Auto: Parkplatz, Bahnhofstraße, 54597 Pronsfeld (GPS: 50.1622, 6.33534)

Entspannung *****
Genuss *****
Romantik *****

ÖPNV: keine Bahnverbindung, kein Radlerbus

ESSEN & ENTSPANNEN:
Ristorante Pizzeria Da Mario ❷ Lünebacher Straße 1, 54597 Pronsfeld, Tel. (0 65 56) 90 06 15, www.ristorantedamario.de
Prümtaler Mühlenbäckerei ❺ Bahnhofstraße 3, 54687 Arzfeld, Tel. (0 65 50) 9 28 56 10, www.eifeler-landbrot.de
Restaurant bei Johan ❽ Marktplatz 4, 54673 Neuerburg, Tel. (0 65 64) 9 60 73 56, www.bistro-neuerburg.de

ENTDECKEN & ERLEBEN:
Eisenbahnmuseum Pronsfeld ❶ Bahnhofstraße, 54597 Pronsfeld
Eifel-Zoo ❸ Reinigseifen 2, 54597 Lünebach/Pronsfeld, Tel. (0 65 56) 4 11, www.eifel-tiergarten.de
Baum-Abc ❹
Weidendell-Tunnel ❻
Neuerburger Tunnel ❼
Pfarrkirche St. Nikolaus ❾ Burgfried 1, 54673 Neuerburg
Eligiuskapelle ❿
Burg Neuerburg ⓫ Burgstraße 13, 54673 Neuerburg
Aussichtspunkt Kanzel ⓬

Das Maifeld

- 38 Kilometer
- 70 Höhenmeter
- 4 Stunden
- Sternfahrten (11, 16, 11 Kilometer)

Wir haben den **Alten Bahnhof Polch** (1) als Knotenpunkt für Sternfahrten in drei Richtungen über den **Maifeld-Radweg** ausgewählt, 11 Kilometer nach Mayen, 16 Kilometer nach Bassenheim und 11 Kilometer nach Münstermaifeld. Natürlich kann man die Touren in beliebiger Reihenfolge und auch an allen Endpunkten

Weite Ebene

Über die Weiten des Maifelds

starten wie am Bahnhof Mayen Ost, der mit der Regionalbahn erreichbar ist. In jedem Fall bietet es sich an, die Routen hin und zurück zu fahren, da sie kaum Steigungen aufweisen und nicht mit öffentlichen Verkehrsmitteln verbunden sind.

Am westlichen Ende des Bahnhofs von Polch gabeln sich die Bahntrassen nach Münstermaifeld und nach Mayen. Für die erste Strecke von Polch nach Mayen nehmen wir hier den rechten Weg, ausgeschildert Richtung Mayen. Sofort sind wir von Schatten spendenden Bäumen und Sträuchern umgeben, die diesen Abschnitt weitestgehend begleiten werden. Nach einer lang gezogenen Rechtskurve radeln wir zunächst geradeaus Richtung Norden, vorbei am Polcher Gewerbegebiet zur Rechten und Feldern zur Linken.

In einer lang gezogenen Linkskurve, die uns nun Richtung Westen führen wird, unterqueren wir die **A 48** und erkennen bald rechts des Radwegs beim ehemaligen Haltepunkt Nettesürsch einen alten Förderturm. Er gehört zu einer der letzten Gruben der Eifel, in der heute noch Schiefer zum Decken von Dächern unter Tage abgebaut wird. Das Besondere an der Gru-

Landschaft bei Mayen

be Margareta ist seit 1994 der Serpentinentunnel, über den Lkw in 100 Meter Tiefe fahren, um den Moselschiefer zutage zu fördern.

Völlig unvermittelt taucht kurz danach die Einfahrt zum **Tunnel Hausen 1** **2** auf, über die wir für einen halben Kilometer in die feuchte Kälte des Berginneren eintauchen, ordentlich und zeitgemäß mit LED-Lampen beleuchtet. Der Fahrtwind fühlt sich mit jedem Meter kälter an. Leicht geht es bergab, und bald ist das Licht am Ende des Tunnels zu erblicken, nach dem der Weg über einen Viadukt führt. Den können wir leider nur erahnen und nicht sehen, da wir darauf fahren. Aber zumindest sehen wir das noch erhaltene originale Geländer. Alle Bauwerke dieser Strecke wurden um das Jahr 1904 errichtet.

Das Abbaugebiet für Tonschiefer oder auch Dachschiefer in der Region um Mayen ist eines von insgesamt vier in Deutschland. Der Moselschiefer-Bergbau ist mit über der Hälfte der deutschen Produktion der leistungsstärkste Standort in Deutschland.

Es lohnt sich, kurz zu halten, um einen Blick von oben auf den üppig grünen Wald im Nettetal zu werfen, das im Hintergrund vom 115 Meter langen und 31 Meter hohen aus Mayener Basaltsteinen erbauten Nette-Viadukt überspannt wird, über den wir gleich fahren werden. Außer dem Rauschen des Bachs aus der Tiefe des Tals und dem Vogelgezwitscher dringen

Für die Seele

Zwischen Mayen und Koblenz die Maifelder Ebene mit ländlicher Idylle und Kulturhighlights erkunden.

keine Geräusche an unser Ohr. Wenn wir den Blick nach rechts wenden, erkennen wir die Hügel der Vulkaneifel um den Laacher See.

Nach wenigen Metern am Ende der Brücke nimmt uns der mit 250 Meter Länge angegebene **Tunnel Hausen 2** ③ auf. Auch er ist vorbildlich beleuchtet. Am Tunnelausgang befindet sich ein kleiner Rastplatz. Der Weg führt nun über einen künstlichen Damm durch den urwaldähnlichen Forst, um uns gleich auf den **Nette-Viadukt** ④ zu bringen, auf dem wir in einer leichten Kurve das gleichnamige Tal in eindrucksvoller Höhe überqueren. Der Blick von hier oben auf das malerische Tal ist beeindruckend, es stört lediglich der übertrieben hohe moderne Zaun vor dem alten Geländer.

Auf der anderen Talseite führt der Weg zwischen Eichen und Akazien am Berghang entlang weiter Richtung Hausen, wo wir auf einer Erweiterung des Radwegs drei Loren gefüllt mit Schiefer antreffen. Sie stammen aus dem Moselschiefer-Bergwerk Katzenberg. Solche Loren werden heute noch in mehr als 260 Meter Tiefe eingesetzt. Mit dem hier abgebauten bläulichen Schiefer werden nicht nur Gebäude in der Region gedeckt, er wird in ganz Deutschland verwendet und sogar ins europäische Ausland exportiert.

Bald danach unterqueren wir die **B 262**, die das Ende der Idylle markiert. Nach einer Linkskurve fahren wir zur Rechten an einem Mayener Industriegebiet vorbei, und bald grüßen auch zur Linken Schilder von Fast-Food-Restaurants, Tankstellen und Autohäusern. Rechts nähern sich die Gleise der noch aktiven einspurigen Eisenbahnlinie von Andernach nach Kaisersesch. Dahinter sehen wir eine mit wenig Sensibilität für die Bausubstanz sanierte ehemalige Lokhalle.

Mayen, die größte Stadt in der rheinland-pfälzischen Eifel, kann dank ihrer geografischen Lage als „Tor zur Eifel" bezeichnet werden. Sie liegt zwischen der sich westlich und nordwestlich erhebenden Geländestufe der Eifel und dem Maifeld als Teil des Mittelrheinischen Beckens.

Kurz vor Erreichen des Regionalbahnhofs Mayen Ost endet der Radweg auf der Bahntrasse und führt links vor dem Bahnhofsgebäude vorbei. Bis ins Stadtzentrum von Mayen sind es noch 1,3 Kilometer. Wir fahren weiter auf der **Ostbahnhofstraße,** die an der nächsten T-Kreuzung links abknickt. Es geht stets leicht bergab, wir stoßen beim St.-Veit-Park auf die Einbahnstraße **Koblenzer Straße** und folgen deren Ver-

Genovevaburg

lauf weiter, bis wir ein historisches Stadttor, das Brückentor, erreichen. Hier fahren wir nach links ab in den Fußgängerbereich, biegen an der nächsten Möglichkeit rechts in die **Brückenstraße** und treffen auf die **Marktstraße,** die uns nach links zum Marktplatz führt.

Dort treffen wir auf das hübsche **Alte Rathaus** **5** von 1717 zu unserer Rechten. Der vor uns liegende großzügige Platz mit dem Marktbrunnen und der alles dominierenden **Genovevaburg mit Eifelmuseum und Deutschem Schieferbergwerk** **6** hat etwas von Postkartenidylle. Um diese zu genießen, lädt der Marktplatz zu einer Rast in einem der Lokale wie dem **Eiscafé Torri** **7** oder dem **Café Dajöh** **8** ein.

Altes Rathaus Mayen

Für die Rückfahrt nach Polch können wir wegen des Einbahnstraßensystems nicht denselben Weg zum Ostbahnhof zurückfahren. Stattdessen fahren wir auf der **Neustraße,** die in der Nähe des Alten Rathauses nach Südosten führt, bis zum Kreisverkehr. Wenn wir hier rechts abbiegen, treffen wir drei Häuser weiter auf das **Restaurant Stadtvilla Mayen** **9**. Wir biegen aber links ab in die St.-Veith-Straße, die uns im weiteren Verlauf zum St.-Veit-Park bringt, auf den wir schon vorhin auf der anderen Seite bei der Fahrt in die Stadtmitte getroffen sind. Am Ende des Parks biegen wir links in die **Schillerstraße** ab, um kurz darauf auf die **Ostbahnhofstraße** zu stoßen, auf der wir nach rechts bergan bald wieder den Ostbahnhof und den Bahntrassenradweg erreichen. Von hier sind es 8 Kilometer entspannte Fahrt, bis wir wieder in Polch sind.

Der **Alte Bahnhof Polch** ist eines der wenigen stilvoll restaurierten ehemaligen Bahnhofsgebäude an Bahntrassenradwegen, die öffentlich zugänglich sind. Im

Polcher Bahnhof finden wir ein Restaurant mit einladendem Biergarten in ruhiger Umgebung. Da wir auf unserer nächsten Sternfahrt auf der 16 Kilometer langen Strecke zum Ende des Radwegs bei Bassenheim auf keinerlei empfehlenswerte Einkehrmöglichkeiten treffen werden, lohnt sich hier eine Stärkung vor der Fahrt.

Wir starten die zweite Strecke auf dem **Maifeld-Radweg** nach Bassenheim vorbei am Bahnhofsgebäude Richtung Osten. Die Route führt uns über das Maifeld, eine sanft hügelige, weite Ebene (400 Meter über Normalnull). Unterwegs haben wir immer wieder fantastische Ausblicke in alle Himmelsrichtungen über die fruchtbare Landschaft mit den Vulkankegeln der Osteifel im Hintergrund. Im Maifeld wird ausschließlich großflächiger Getreideanbau betrieben, es wird nur von wenigen Höfen bewirtschaftet.

Das Schöne am Maifeld-Radweg ist, dass er durchgehend ohne Unterbrechungen über die Bahntrasse führt, also keine steilen Umfahrungen von nicht mehr

Skulpturenpfad

vorhandenen Brücken oder Trassenabschnitten nötig sind. Man kann sich dadurch praktisch auch nicht verfahren. Eine Eigenheit des Radwegs ist leider, dass die Asphaltbahn schmaler als üblich und jeder auch nur angedeutete querende Feldweg vorfahrtberechtigt ist. Da man meist erst spät erkennen kann, ob sich ein Fahrzeug nähert, muss man entsprechend häufig abbremsen.

Am Wegesrand tauchen immer wieder Skulpturen aus Basalt und Tuff von internationalen und regionalen Künstlern auf. Auch treffen wir auf einige schöne sanierte Brücken, die den Weg in Taleinschnitten überspannen.

Am **Ochtendunger Bahnhof** stehen noch zwei Bahnschranken an einem ehemaligen Übergang. Hier endete bis vor Kurzem der Radweg, der erst 2019 weitere 6 Kilometer bis zum Bahnhof Bassenheim ausgebaut wurde. Wir kommen an einem Schotterwerk vorbei, das einen eigenen Gleisanschluss hatte. Dieser war auch der Grund, warum die Bahnlinie bis hierher noch bis zum Jahr 2000 in Betrieb war.

Kurz vor **Bassenheim** überquert ein besonders schöner kleiner Viadukt aus Lavastein einen schluchtarti-

Heilig-Kreuz-Kapelle

gen künstlichen Taleinschnitt. Der Radweg endet schließlich unvermittelt an einem kleinen Sträßchen vor dem Bahnhof Bassenheim. Gegenüber der Straße liegen noch die Schienen auf den inzwischen überwucherten Gleisanlagen, auf denen hoffentlich irgendwann einmal der Radweg Richtung Koblenz weiterführen wird. Wir machen uns nun auf den Weg zurück nach Polch, um von dort die dritte Etappe nach Münstermaifeld zu fahren.

Wir halten uns an der Gabelung beim **Alten Bahnhof Polch,** an der wir bei der ersten Etappe rechts nach Mayen abgebogen waren, nun links und fahren zuerst geradeaus, bis der Weg eine lang gezogene Kurve nach links beschreibt. Dann radeln wir westlich an Polch vorbei Richtung Münstermaifeld. Es geht weiter auf der beidseitig mit Schatten spendenden Bäumen gesäumten, oft leicht erhöhten Trasse, von der aus man immer wieder schöne Ausblicke auf die sanft geschwungene Maifeldlandschaft mit ihren üppigen Raps- und Getreidefeldern hat.

Westlich von Mertloch erreichen wir das ehemalige neu gestaltete Bahnhofsgelände, das neben Rast-

Das Kirchenschiff der Stiftskirche St. Martin und St. Severus ist ein Werk der Hochgotik aus dem 12. Jahrhundert, während das Westwerk wesentlich älter ist. Teil des Fundaments ist ein römischer Wachturm, der untere Teil gehörte zur 1103 geweihten Vorgängerkirche.

möglichkeiten einen schönen Wasserspielplatz für Kinder zu bieten hat. Gegenüber hat das **Gasthaus Strekkenhäuschen** ⑩ auf seiner netten kleinen und schattigen Terrasse griechische Speisen und Pizzen im Angebot.

Wenige Hundert Meter später erkennt man links des Wegs in einiger Entfernung eine kleine weiße Kapelle inmitten weiter Felder, die **Heilig-Kreuz-Kapelle** ⑪. Die kleine Wallfahrtskapelle aus der Mitte des 17. Jahrhunderts ragt pittoresk auf einer kleinen Anhöhe aus den Feldern heraus, umgeben von kleinen Bäumen und zwei hohen Pappeln. Ein Kreuzweg mit 14 Stationen verbindet sie mit Mertloch.

In Fahrtrichtung in größerer Entfernung auf einem Hügel hinter riesigen Feldern erhebt sich schon deutlich erkennbar die **Stiftskirche St. Martin und St. Severus** ⑫ zwischen den Häusern von Münstermaifeld. Aber bevor wir den Ort erreichen, radeln wir noch am Örtchen Nauheim vorbei und erreichen nach 2,5 Kilometern das Ende des Radwegs an der querenden **Bahnhofstraße** vor dem ehemaligen Bahnhofsgebäude von Münstermaifeld. Wir biegen rechts ab, um über die deutlich ansteigende **Bahnhofstraße** dem stets vor

Blick auf Münstermaifeld

uns aufragenden Ziel in Form der Kirchtürme der Stiftskirche entgegenzustrampeln. Wir folgen dem Verlauf der Straße, bis wir den Hügel erreicht haben und links hinter dem Münsterplatz die Kirche sehen. Nun stehen wir vor dem auch Maifeldmünster genannten Kirchenbau im kleinen historischen Ortskern mit äußerst malerischen Ecken und fühlen uns für die steile Bergfahrt belohnt. Neben der Stiftskirche am Münsterplatz befindet sich das **Heimat- und Erlebnismuseum ⑬,** das einen Besuch wert ist.

Entspannen und stärken kann man sich im Restaurant **Pizzeria Vulcana ⑭,** ebenfalls am Münsterplatz zu Füßen des Münsters.

Um einen Teil der Bahnhofstraße zu meiden, können wir für die Rückfahrt die links von der Kirche wegführende **Hammgasse** suchen und an deren Ende den **Stationenweg** hinunterfahren, der uns weiter unten am Berg wieder auf die **Bahnhofstraße** bringt. Über sie erreichen wir wieder den **Maifeld-Radweg** zurück nach Polch.

Ortskern von Münstermaifeld

Bahnlinien auf dem Maifeld

Im Koblenzer Industriegebiet nördlich der Mosel zweigte beim heutigen Baumarkt Bauhaus die 34 Kilometer lange einspurige Sticheisenbahnlinie nach Polch und Mayen Ost von der Haupteisenbahnlinie ab. In Mayen traf sie auf die Linie der Eifelquerbahn von Andernach nach Gerolstein. 1904 konnte die Strecke der Preußischen Staatseisenbahnen feierlich eröffnet werden. 12 Jahre später erhielt auch das 10 Kilometer entfernt gelegene Münstermaifeld einen Bahnanschluss über einen Abzweig von Polch.

In den 1970er-Jahren musste im Abschnitt Polch–Mayen Ost der Güterverkehr wegen maroder Viadukte eingestellt werden. Das Ende des Personenverkehrs folgte auf der gesamten Strecke erst im Dezember 1983. Um den Steinbruch in Ochtendung zu bedienen, wurde der Güterverkehr noch bis zum Jahr 2000 aufrechterhalten. 1989 wurde auf der Bahntrasse der Maifeld-Radweg Polch–Münstermaifeld eröffnet, 1992 die Strecke zwischen Mayen und Ochtendung und erst 2019 der vorerst letzte Abschnitt Ochtendung–Bassenheim.

Ettringen
Kotten-heim
Mayen
DB
Bassenheim
Ochtendung
Wolken
Nettetal
Welling
Trimbs
Nette
Kerben
Polch
Alzheim
Kobern-Gondorf
Lonnig
Dieblich
Mosel
Niederfell
Rüber
Polcher Bach
Nothbach
Dreckenach
Lehmen
Polcher Straße
Einig
Kehrig
Mertloch
Gering
Kollig
Gierschnach
Kalt
Moselsürsch
Oberfell
Münstermaifeld
Bahnhofstraße
Naunheim
Elzbach
Kaifenheim
Roes
Alken
L 120
L 98
L 113
L 83
L 82
L 117
L 52
L 112
L 122
256
262
258
48
61
411
416
49

Alles auf einen Blick

WIE & WANN:
Durchgehend autofrei und asphaltiert auf den Bahntrassen des Maifeld-Radwegs, mit Autoverkehr in Mayen und Münstermaifeld. Beschrieben als Sternfahrten vom Knotenpunkt Polch aus in drei Richtungen. Anreise mit der Bahn nur nach Mayen möglich. Ganzjährig befahrbar, beste Radelzeit Mai bis Oktober

Entspannung ✱✱✱✱✱
Genuss ✱✱✱✱✱
Romantik ✱✱✱✱✱

HIN & WEG:
Auto: Parken am Straßenrand, Am Bahnhof, 65751 Polch (GPS: 50.304387, 7.312457)
ÖPNV: Bf. Mayen Ost (RB)

ESSEN & ENTSPANNEN:
Alter Bahnhof Polch ❶ Am Bahnhof 5, 56751 Polch
Eiscafé Torri ❼ Marktplatz 6, 56727 Mayen
Café Dajöh ❽ Marktplatz 43, 56727 Mayen, Tel. (0 26 51) 14 05, www.dajoeh-mayen.de
Restaurant Stadtvilla Mayen ❾ Siegfriedstraße 77, 56727 Mayen, Tel. (0 26 51) 7 11 67, www.stadt-villa-mayen.de **Gasthaus Streckenhäuschen** ❿ Am Bahnhof 5, 56753 Mertloch, Tel. (0 26 54) 72 92 **Restaurant Pizzeria Vulcana** ⓮ Münsterplatz 3, 56294 Münstermaifeld, Tel. (0 26 05) 8 41 38, www.pizzeria-vulcana.de

ENTDECKEN & ERLEBEN:
Tunnel Hausen 1 ❷ **Tunnel Hausen 2** ❸ **Nette-Viadukt** ❹
Altes Rathaus Mayen ❺ Am Markt, 56727 Mayen, www.mayen.de
Genovevaburg mit Eifelmuseum und Deutsches Schieferbergwerk ❻
Mario-Adorf-Burgweg 1, 56727 Mayen, www.museumswelten-mayen.de
Heilig-Kreuz-Kapelle ⓫ **Stiftskirche St. Martin und St. Severus** ⓬ Münsterplatz 3, 56294 Münstermaifeld **Heimat- und Erlebnismuseum** ⓭ Münsterplatz 4, 56294 Münstermaifeld

Schalkenmehrener Maar

- 71 Kilometer
- 400 Höhenmeter
- 7 Stunden
- Streckentour

Diese etwa 70 Kilometer lange Tour, bei der es vorwiegend bergab geht, ist zwar an einem Tag zu schaffen. Da wir aber für die Fahrt mit dem Radlerbus von Bernkastel-Kues nach Daun mit Fahrradverladung insgesamt zwei Stunden einplanen müssen, es auf der Strecke mit ihren Schleifen sehr viel Interessantes zu sehen

Kraft der Maare

Von der Vulkaneifel an die Mosel

gibt und wir die Eindrücke auch genießen möchten, ist eine Zwischenübernachtung sehr zu empfehlen.

Wir fahren mit dem Radlerbus von Bernkastel-Kues nach Daun und starten dann am ehemaligen **Bahnhof,** den man von der Bushaltestelle über die Bahnhofstraße nach 200 Metern erreicht. Hier oben sind auch kostenlose Parkplätze für Radfahrer vorhanden, die mit dem Auto anreisen. Im Bahnhof befindet sich ein Fahrradverleih. Rechts des Gebäudes steht ein bunt angemalter, alter Eisenbahnwaggon, der unter dem Namen „Zum Stellwerk" als kleine Kneipe mit Biergarten dient. Genau dort beginnt der Radweg.

Biergarten am Bahnhof Daun

Wir entfernen uns vom Bahnhof und sehen links von uns das Bahngleis der hier stillgelegten **Eifelquerbahn** liegen, das bald nach links abzweigt. Nach gut 200 Metern erreichen wir bereits den ersten Kunstbau, den **Dauner Viadukt** ①. Wenige Meter hinter der Brücke ist ein kleiner Rastplatz mit einer Tafel mit Fotos vom

Bau des Viadukts und einem schönen Blick auf Daun und seine Burg.

Nach etwa 2,5 Kilometern erreichen wir den ersten von insgesamt vier Tunneln, das 560 Meter lange **Große Schlitzohr ❷.** Es lohnt sich für die lange Strecke eine Jacke anzuziehen, da die Temperatur im einstelligen Bereich zusammen mit dem Fahrtwind schon als sehr unangenehm empfunden wird.

Kurz nach der Tunnelausfahrt verlassen wir an einer Abzweigung bei einem Rastplatz nach rechts den Radweg und fahren Richtung **Weinfelder Maar ❸,** unsere erste Schleife zu zwei Maaren. Sofort danach biegen wir wieder rechts ab. An der ersten Abzweigung fahren wir nach links auf den Feldweg leicht bergauf Richtung Kraterrand. An der folgenden **T-Kreuzung** biegen wir rechts ab und folgen dem asphaltierten Weg bis zu einer kleinen Straße, auf die wir nach links abbiegen. Vor der nächsten Straßenkreuzung biegen wir rechts auf einen Radweg ab und gelangen auf den **Parkplatz Weinfelder Mar.** Am Ende des Parkplatzes überqueren wir die **Landstraße L 64** und stoßen auf den Rundweg um den See, wo wir uns rechts halten und schon bald die **Kirche von Weinfeld ❹** erreichen. Hier stellen wir die Räder ab, werfen einen Blick in die auf dem Friedhof

Im Mittelalter befand sich am Weinfelder Mar die bedeutende Siedlung ***Weinfeld,*** *von der heute nur noch die Kirche steht. Der Ort wurde im Mittelalter aus Not verlassen und 1562 durch den Wegzug des Pfarrers als letztem Bewohner vollständig aufgegeben.*

Tunnel Großes Schlitzohr

Fahrradbus-Haltestelle Bernkastel-Kues

liegende Kirche, deren Turm und gotischer Chor aus dem 14. Jahrhundert stammen, und das unten im Krater liegende dunkelblaue **Weinfelder Mar.**

Wir fahren ein Stück wieder zurück, überqueren jetzt aber nicht die Straße, sondern bleiben auf dem geschotterten Weg, der das Weinfelder Mar halb umrundet. Bei einem Parkplatz wo wir die Landstraße

Für die Seele

Elegantes Gleiten über die Höhen der Eifel, dabei dunkelblaue Kraterseen umrunden, bis hinunter an die Weinberge der Mosel.

Pause am Weinfelder Maar

Panoramatour 9

Wenn heißes Magma aufsteigt und auf wassergesättigte Zonen trifft, kommt es zu einer gewaltigen Explosion, bei der ein Krater entsteht. Später nach Ende des Vulkanismus füllt er sich mit Wasser und wird zum Maar.

links von uns gleich überqueren werden, haben wir nach rechts einen wunderschönen Blick auf den Kratersee mit der Kirche am gegenüberliegenden Ufer. Wir überqueren auf dem Überweg die Straße, fahren auf dem Radweg zunächst links und biegen nach 30 Metern scharf rechts ab, ausgeschildert Richtung Schalkenmehren. Der Weg bringt uns entlang des mit Bäumen dicht bewachsenen Kraterhangs hinunter zum Ort. Unterwegs gibt es immer wieder Lücken im Grün, die einen Bilderbuchblick auf den See und Ort mit seiner weißen Kirche gewähren.

Unten in Schalkenmehren angekommen, treffen wir auf die Maarstraße, die uns durch die Ortsmitte führt, an der links das **Café Maarblick** 5 zu einer Rast einlädt. Kurz danach führt links eine Sackgasse zum **Seeufer,** an dem entlang ein schmaler Weg mit einigen Bänken führt, auf denen man nicht nur die Beine sondern auch die Seele baumeln lassen kann. Die Fahrräder sollten wir nicht mit ans Ufer nehmen. Zurück auf der Hauptstraße erreichen wir wenig später am Ortsende den einladenden **Dorfgasthof Schmitz** 6 mit seiner Außenbewirtschaftung.

Wir verlassen den Ort auf der Landstraße und sehen vor uns schon die **Eisenbahnbrücke des Maare-Mosel-**

Maare-Mosel-Radweg

Dorfgasthof Schmitz

Radwegs die Straße kreuzen. Hinter der Brücke biegen wir links ab und treffen bei einem ehemaligen Bahnhof auf den Radweg, auf den wir erneut links abbiegen. Nach einigen Hundert Metern sehen wir eine Tafel, die uns einlädt, den 300 Meter entfernten **Sangweiher** **7** zu besuchen. Den kleinen Abstecher sollten wir wagen, da eine große Chance besteht, von einem Ausguck einige Wasservögel auf dem kleinen flachen See zu beobachten.

Sangweiher

Wir fahren weiter auf dem Radweg durch die hier recht flache Landschaft bis Gillenfeld. An einem Prellbock verlassen wir die Bahntrasse und stoßen auf eine **Vorfahrtstraße (Holzmaarstraße).** Hier verlassen wir den Maare-Mosel-Radweg für einen weiteren Schlenker und biegen links ab. Noch vor der Ortsmitte biegen wir an der ersten Abzweigung rechts ab. Wem nach einer Pause ist, kann stattdessen noch ein paar Meter geradeaus zum **Eifeler Scheunencafé** **8** weiterfahren, bevor er zu diesem Punkt zurückkehrt.

Wir fahren aber die Seitenstraße weiter bis zur ersten Kreuzung, wo wir links in den **Alfbachweg** einbiegen, die nächste Straße überqueren und danach gleich links in die kleine Straße **Im Weingarten** biegen. Diesem Weg folgen wir nun stets geradeaus bis wir die Anhöhe des Kraterrandes vom **Pulvermaar** **9** erreichen. Dort stoßen wir auf eine Straße, die uns zum Campingplatz am See bringt. Wir halten uns links und fahren nach dem Campingplatz den Seeuferweg entlang. Er endet zunächst bei einem Bootsverleih, macht eine scharfe Kurve nach links, nach der wir sofort wieder scharf rechts abbiegen und durch einen schönen Wald mit hohen Bäumen am Kraterrand weiterfahren. Nach etwa 700 Metern biegen wir an einer Kreuzung scharf links ab und fahren steil bergauf.

Oben am Kraterrand angekommen, überqueren wir eine Landstraße und folgen dem braunen Schild Strohner Maarchen. Hier geht es gleich wieder bergab.

Das ***Strohner Maarchen*** *entstand wie das benachbarte Pulvermaar etwa 8800 bis 8000 v. Chr. Es verlandete relativ schnell und entwickelte sich zum noch heute vorhandenen und weiterwachsenden Hochmoor. Nur zwölf der über 70 Maare sind noch mit Wasser gefüllt.*

Unten am Waldrand steht eine riesige alte Rotbuche mit knorrigem Stamm. Wir folgen dem asphaltierten Weg bis zu einer Linkskurve, wo wir ihn geradeaus auf einem geschotterten Weg leicht ansteigend verlassen. Vor einer Hecke biegen wir rechts in einen geschotterten Feldweg ab, der auf das Trockenmaar **Strohner Maarchen ⑩** zuführt.

Dort folgen wir dem Weg nach links um das Maar herum, wo am Ufer eine hölzerne Liege steht. Wir folgen dem Weg weiter und gelangen schließlich zu einem Kreisverkehr am Ortsanfang von Strohn. Hier fahren wir geradeaus in die **Hauptstraße** und biegen an der zweiten Abbiegung in die Straße **Zur Schweiz** nach links Richtung **Lavabombe ⑪,** die wir nach 400 Metern – unübersehbar – erreichen. Staunend stehen wir vor der 120 Tonnen schweren Lavakugel mit 5 Metern Durchmesser.

Lavabombe

Wir radeln wieder zurück bis zur letzten Abzweigung und fahren dort links, wo wir gleich auf das **Vulkanhaus Strohn ⑫** treffen. Es ist ein kleines modernes, interaktives Museum über die Welt der Vulkane nebst einem sympathischen **Museumscafé.** Um die Tour fortzusetzen, biegen wir unmittelbar vor dem Museum rechts ab und folgen an der gotischen Hallenkirche vorbei dem Verlauf der **Kirchstraße,** die am Ortsende in einen asphaltierten Feldweg übergeht.

Noch bevor wir die Ausläufer von Gillenfeld erreichen, biegen wir scharf links auf einen asphaltierten Feldweg ab, ausgeschildert mit **Maare-Moosel-Radweg,** wobei der Wegweiser nur aus der entgegengesetzten Richtung zu lesen ist. Nun sind wir wieder auf dem offiziellen Radweg und kurz danach auch wieder auf der **Bahntrasse.** Auf ihr biegen wir links ab, um dem Verlauf der alten Bahnlinie weiter zu folgen.

Beim Verlassen eines Waldes überqueren wir auf einer Brücke eine Landstraße und biegen unmittelbar

Auf dem Maare-Mosel-Radweg

danach scharf rechts ab, um eine kleine Schleife um das idyllische, kleine **Holzmaar** ⑬ zu fahren. Wir stoßen auf die Straße unter der Brücke, fahren links und an der nächsten Kreuzung geradeaus und sehen dann schon rechts von uns das kleine Holzmaar idyllisch im Wald liegen. Wir umrunden den See mit oder ohne Fahrrad auf einer Länge von 1 Kilometer. Bänke am Ufer bieten Gelegenheit, die Abgeschiedenheit und Ruhe zu genießen. Danach fahren wir zurück auf die Bahntrasse und setzen die Fahrt fort.

Nach abwechslungsreicher Fahrt erreichen wir, kurz nachdem wir die **A1** gekreuzt haben, das Örtchen **Eckfeld,** wo wir eine Straße überqueren müssen. Wenn man hier rechts Richtung Ortsmitte abbiegt, kommt

Holzmaar

man nach wenigen Metern zum Bauernhofcafé Morgenfelder Hof. Wir fahren weiter geradeaus. Nach 1 Kilometer sehen wir ein Schild, das auf das nahe gelegene **Gasthaus Höfchen (14)** hinweist, ebenso ideal für eine kleine Stärkung.

Nach einer lang gezogenen Linkskurve erreichen wir das Gelände des ehemaligen **Bahnhofs Pantenburg,** wo wir eine Landstraße überqueren, um die Fahrt fortzusetzen. Wenn man hier rechts abbiegt, erreicht man über die Bahnhofstraße nach gut 1,5 Kilometern die Dorfmitte von Pantenburg mit der ruhig gelegenen, gutbürgerlichen Pension Am Wäldchenborn, ideal für eine Übernachtung.

Nach Unterquerung der **A 1** fahren wir eine Weile parallel zu einer Straße auf der Bahntrasse, müssen diese dann aber nach rechts verlassen, um ein Industriegebiet zu umfahren. Dem Wegweiser folgend erreichen wir nach 1,5 Kilometern wieder die Bahntrasse. Nach weiteren 3 Kilometern überqueren wir bei den Ausläufern eines gigantischen Solarparks die **Landstraße L 64** und setzen dort die Fahrt fort. Wir rauschen den Weg hinunter nach **Hasborn,** unterqueren danach durch einen Brückentunnel wieder die A 1.

Ab hier geht es fortlaufend bergab, sodass wir in rauschender Fahrt durch die einsame Natur radeln können. Nach 3 Kilometern Waldidylle taucht vor uns wie in einem Märchen das malerische, schön sanierte ehemalige Bahnhofsgebäude von **Plein** auf. Hinter dem Bahnhof kann man nach rechts abzweigen, um das malerisch gelegene **Restaurant Waldschlößchen ⑮** zu erreichen.

Alter Kilometerstein

Wir fahren weiter und tauchen in den kalten **Pleiner Tunnel ⑯** ein, dem mit 585 Meter längsten auf dieser Tour. Das Tunnelende entlässt uns in ein enges bewaldetes Tal. Kurz danach überspannt der 100 Meter lange unrestaurierte **Pleiner Viadukt ⑰** ein Seitental, der vom Radweg umfahren werden muss. Wenig später wird der Weg vom **Unkenstein-Tunnel** (140 Meter) verschluckt. Während sich rechts unter uns das einsame schluchtartige Tal der Lieser befindet, taucht vor uns schon wieder der nächste Tunnel auf, der 126 Meter lange **Grünewald-Tunnel.**

Weiter geht es schnell bergab. Da wo der Weg den Wald verlässt, sollten wir an einem Rastplatz halten, da sich hier das Bild schlagartig ändert und sich vor uns eine Kulturlandschaft mit Weinbergen ausbreitet. Im weiteren Verlauf überqueren wir den **50. Breitengrad,** und kurz danach erreichen wir Wittlich. Wir wagen einen kleinen Abstecher in die Altstadt mit dem **Alten Rathaus ⑱,** dem Platz an der Lieser mit den Treppen am Flussufer und dem Bistro Café & Biergarten Carpe Diem. Oder wir speisen im historischen **Restaurant Café Daus ⑲.**

Sehenswert in der historischen Altstadt von Wittlich ist vor allem der Marktplatz mit seinem Ensemble schöner Häuser aus Renaissance und Barock und das Rathaus mit seiner fein gegliederten Fassade der Spätrenaissance.

Wir setzen die Fahrt Richtung Wengerohr und Bernkastel-Kues fort, kommen am Einkaufszentrum **Schlossgalerie** vorbei, fahren über den Busbahnhof und folgen weiter genau der Beschilderung, um durch Gewerbegebiete hindurch Wittlich zu verlassen. Wir fahren unter der Autobahnbrücke der **A1** entlang, tangieren nach ca. 1,5 Kilometer Wengerohr, werden bald danach zur **B 50** geleitet, die wir überqueren, um kurz danach endlich wieder die Bahntrasse zu erreichen. Sie führt zunächst schnurgerade aus, vorbei am einladenden Gutsausschank und der Vinothek **Weinhofgut Görgen ⑳**, auf das nun eng werdende **Liesertal** zu.

*Bei **Bernkastel-Kues** wird hauptsächlich Riesling angebaut, der auf dem mineralreichen Schieferboden der Steilhänge ideale Wachstumsbedingungen findet. Die Hänge bieten ein ideales Mikroklima für die Reben, deren Wurzeln metertief in den Boden eindringen.*

Links am Berghang erkennen wir einige teils aufgelassene Weinbergterrassen. Das Tal wird mit jedem Meter enger und romantischer. Erst nach etwa 4 Kilometern taucht vor uns das verwunschene **Siebenborn** mit Schloss und **Klostermühle ㉑** auf. Über der pittoresken Mühle mit Hotel, Restaurant, Café und einem kleinen Biergarten direkt am Mühlgraben thront ein mächtiges Schloss mit dem Weingut Arthur Melsheimer.

Langsam nähern wir uns durch das **Liesertal** mit seinen Weinbergen an den Hängen der Mosel. Kurz vor dem Fluss treffen wir auf eine Straßenbrücke, die wir unterqueren. Damit verlassen wir die Bahntrasse und fahren ab hier auf dem **Maare-Mosel-Radweg** am Flussufer entlang nach Bernkastel-Kues. In Kues macht der Weg vor einem Campingplatz eine Kehrtwende und führt vorbei am Jachthafen, an dessen Ende wir zweimal rechts fahren und auf der anderen Seite des Hafenbeckens weiter am Wasser entlangradeln, bis wir den am Ufer liegenden Parkplatz erreichen. Von hier aus sind es nur noch wenige Hundert Meter bis zur Bushaltestelle Forum, an der der Radlerbus nach Wittlich und Daum abfährt.

Hofgut Siebenborn und Klostermühle

Doch bevor wir Kues verlassen, so heißt der Stadtteil auf dieser Seite der Mosel, sollten wir dem **Marktplatz von Bernkastel** mit seiner Postkartenidylle direkt am anderen Ende der Brücke einen Besuch abstatten.

Daun–Wengerohr–Bernkastel-Kues

Der Bahnhof Daun liegt an der Strecke der Eifelquerbahn, die Andernach am Rhein über Mayen, Kaisersesch und Daun mit Gerolstein verband. Heute wird nur noch der Abschnitt Andernach – Kaisersesch bedient. Von Daun zweigte seit 1909 die einspurige Nebenlinie nach Wengerohr an der Moselstrecke ab, die Koblenz mit Trier verbindet. Sie wurde 1981 stillgelegt. Vom Bahnhof Wengerohr, der heute Wittlich Hauptbahnhof heißt, wurde 1883 die Strecke nach Bernkastel-Kues eröffnet, die die Winzerorte an der Mosel erschloss. Der Gesamtverkehr wurde 1989 eingestellt. Im Jahr 2000 wurde schließlich der Maare-Mosel-Radweg auf der gesamten Strecke von Daun nach Lieser und Bernkastel-Kues eröffnet.

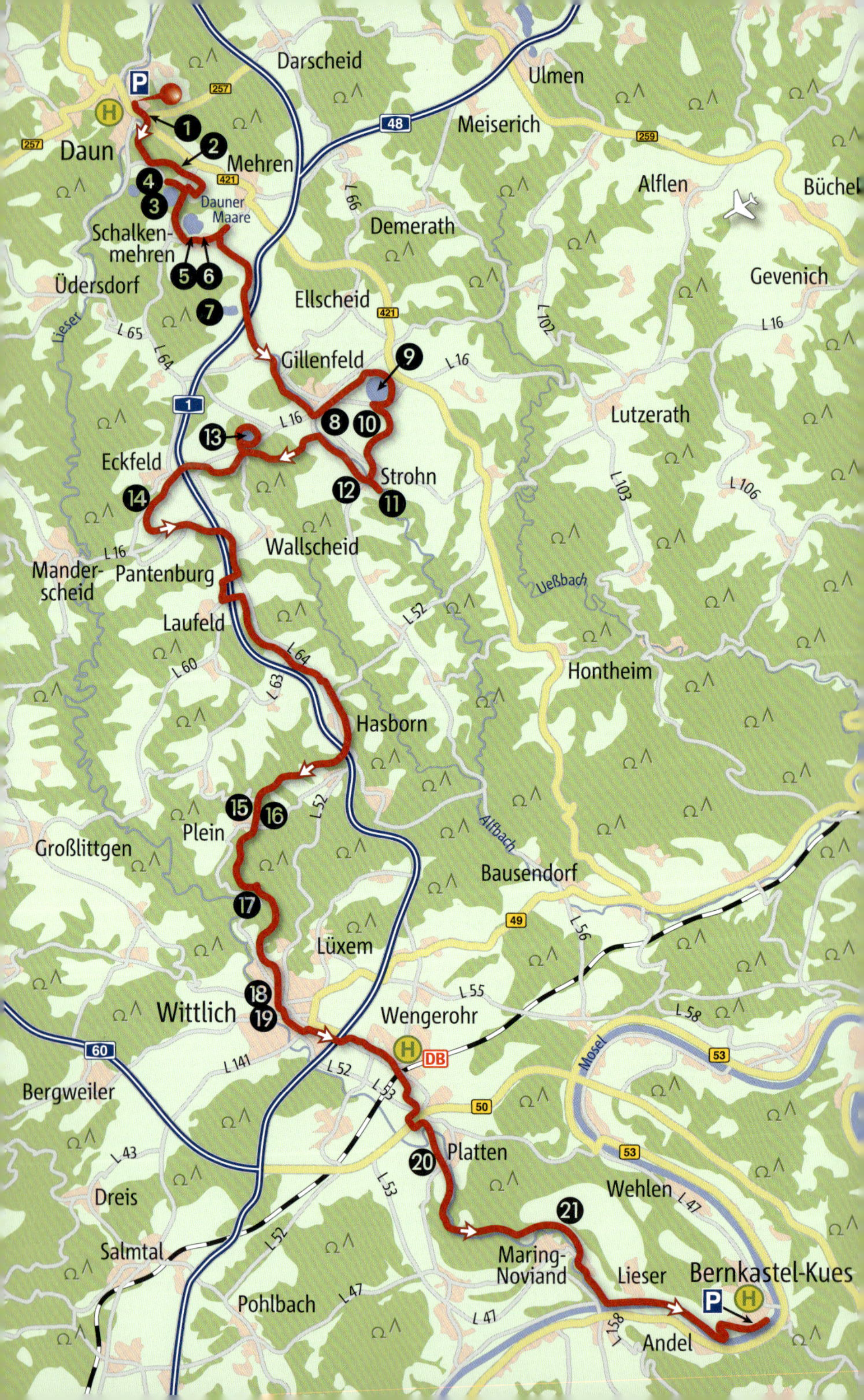

Darscheid
Ulmen
Meiserich
Daun
Mehren
Dauner Maare
Schalken-mehren
Üdersdorf
Alflen
Büchel
Gevenich
Demerath
Ellscheid
Gillenfeld
Lutzerath
Eckfeld
Strohn
Wallscheid
Mander-scheid
Pantenburg
Laufeld
Ueßbach
Hontheim
Hasborn
Plein
Großlittgen
Alfbach
Bausendorf
Lüxem
Wittlich
Wengerohr
DB
Mosel
Bergweiler
Platten
Dreis
Wehlen
Salmtal
Maring-Noviand
Lieser
Bernkastel-Kues
Pohlbach
Andel
Lieser

Alles auf einen Blick

WIE & WANN:
Fast durchgehend autofrei und asphaltiert außer auf den Schleifen. Der Fahrradbus Linie 300 fährt von April bis Oktober täglich (Info und Reservierung unter www.radbusse.de). Ganzjährig befahrbar, beste Radelzeit Mai bis Oktober.

HIN & WEG:
Auto: Parkplatz, Bahnhofstraße, 54550 Daun (GPS: 50.19869, 6.83477)

Entspannung ✱✱✱✱✱
Genuss ✱✱✱✱✱
Romantik ✱✱✱✱✱

ÖPNV: Hbf. Wittlich (RB) oder Fahrradbus von Bernkastel-Kues Forum über Wittlich Hbf. bis Daum Abzweig Bahnhof

ESSEN & ENTSPANNEN:
Café Maarblick ❺ Maarstraße 16, 54552 Schalkenmehren, Tel. (0 65 92) 9 66 60, www.cafe-maarblick.de **Dorfgasthof Schmitz** ❻ Mehrener Straße 13, 54552 Schalkenmehren, Tel. (0 65 92) 23 30 www.dorfgasthofschmitz.de **Eifeler Scheunencafé** ❽ Holzmaarstraße 23, 54558 Gillenfeld, Tel. (0 65 73) 9 52 62 08, www.eifeler-scheunencafe.de **Vulkanhaus Strohn** ⓬ Hauptstraße 38, 54558 Strohn, Tel. (0 65 73) 95 37 20, www.vulkanhaus-strohn.de **Gasthaus Höfchen (14)** Buchholzer Straße 26, 54531 Eckfeld, Tel. (0 65 72) 45 25, www.gasthaus-hoefchen.de **Waldschlößchen** ⓯ Zum Waldschlößchen 3, 54518 Plein, Tel. (0 65 71) 1 74 00 21, www.pleiner-biermanufaktur.de **Restaurant Café Daus** ⓳ Karrstraße 19–21, 54516 Wittlich, restaurant-daus.de, Tel. (0 65 71) 91 62-0 **Winzerhofcafé Görgen** ⓴ Weinbergstraße 1 A, 54518 Platten, Tel (0 65 35) 8 07, www.weingut-goergen.com **Klostermühle** ㉑ Im Siebenborn 2, 54484 Maring-Noviand, Tel. (0 65 35) 70 37, www.klostermuehle-siebenborn.de

ENTDECKEN & ERLEBEN:
Dauner Viadukt ❶ **Großes Schlitzohr** ❷ **Weinfelder Mar** ❸ **Kirche von Weinfeld** ❹ **Sangweiher** ❼ **Pulvermaar** ❾ **Strohner Maarchen** ❿ **Lavabombe** ⓫ **Holzmaar** ⓭ **Pleiner Tunnel** ⓰ **Pleiner Viadukt** ⓱ **Altes Rathaus** ⓲ Neustraße 2, 54516 Wittlich

Landschaft bei Pfalzfeld

Wir beginnen unsere Tour am **Bahnhof Emmelshausen,** der Endstation der von Boppard kommenden Hunsrückbahn und der Haltestelle des Fahrradbusses. Ebenso gut kann man natürlich auch die Tour am Parkplatz beim Stadtpark Emmelshausen beginnen und sich vom Radbus hierher zurückbringen lassen. In

Klassiker mit Weitsicht

Die Strecke durch den Hunsrück

jedem Fall sollte man die Fahrradmitnahme im Radlerbus zuvor über die Internetseite buchen. Die Radtour in der anderen Richtung, also von Simmern aus, zu fahren, empfiehlt sich nur für sportlich besonders ambitionierte Radler, da zwischen Kastellaun und Simmern auf etwa 10 Kilometern 145 Meter Höhendifferenz zu überwinden sind.

Wer Lust hat, kann sich am Startpunkt Emmelshausen zuerst das **Hunsrückbahnmuseum** ❶ anschauen, das hier im ehemaligen Schuppen der Güterabfertigung untergebracht ist. Es gibt diverse Exponate und eine Modellbahn. Mit dem Bahnhof im Rücken fahren wir die Bahnhofstraße ein Stück Richtung Süden leicht bergan bis zur **Rhein-Mosel-Straße,** auf die wir nach rechts abbiegen und dem Straßenverlauf bis zum Kreisverkehr folgen. Davor befindet sich rechts der Straße das **Café und Bäckerei Jung** ❷. Unmittelbar vor dem Kreisel wechseln wir die Straßenseite, fahren an der **Touristinformation** und am danebenliegenden **Restaurant San Marco** ❸ vorbei und kommen zum Radweg auf der ehe-

Johannes Bückler, besser bekannt als ***Schinderhannes,*** *war ein deutscher Räuber, der Ende des 18. Jahrhunderts 211 Straftaten begangen hat, darunter Diebstähle, Raubüberfälle und Mord. Er wurde 1803 mit vermutlich nur 24 Jahren in Mainz zum Tode verurteilt und hingerichtet.*

maligen Bahntrasse links neben der Hunsrückhöhenstraße. Hier beim Restaurant und dem Stadtpark befindet sich ein Parkplatz, auf dem sich die Fahrradtour in Emmelshausen auch vorzüglich starten lässt.

Wir fahren nun auf dem Radweg links der Straße leicht bergab und überqueren nach dem Ortsende von Emmelshausen auf einer Brücke die **B 327.** Ab hier geht es ohne Straßenbegleitung weiter leicht bergab, wobei wir immer wieder Ausblicke auf die leicht hügelige Landschaft mit zahlreichen Windrädern haben. Nach dem Örtchen **Lamscheid** taucht der Weg in einen kleinen schattigen Wald ein. Hier führt er weiter über künstliche Einschnitte und Dämme fast steigungsfrei durch das hügelige Gelände. Immer wieder kann man hinter Bäumen die geschwungenen Felder und Wiesen erblicken.

Wir passieren die Gemeinde **Leiningen.** Eine große, grüne freie Fläche links des Wegs ist offensichtlich alles, was vom ehemaligen Bahnhofsgelände übriggeblieben ist. Danach führt der Weg wieder ganz leicht bergauf in einen Wald hinein. Auch hier haben seinerzeit viele fleißige Hände Hänge abgegraben und Dämme aufgeschüttet, um für die Dampfloks das hügelige

Landschaft bei Pfalzfeld

Gelände ohne nennenswerte Steigungen passierbar zu machen. Davon profitieren heute nach der Stilllegung der Bahnlinie noch wir Radler.

Links des Wegs begrüßt uns das holzgeschnitzte Schild „Herzlich willkommen in Norath", ein Örtchen links von uns, das wir von hier nicht sehen können. Stattdessen haben wir von hier einen schönen Blick

Für die Seele

Der Klassiker unter den Bahntrassenradwegen: sanfte Höhen mit Feldern und Wäldern und weite Blicke über den Hunsrück.

über das Tal auf das gegenüberliegende Pfalzfeld, welches die Bahntrasse nun in einem großen Bogen halb umrunden wird. Am Rand von Pfalzfeld stehen am Bahnhofsgelände alte Waggons und Signale, die allerdings nicht, wie man vermuten möchte, zu einem Museum gehören, sondern zum Privatgelände der Besitzer des Bahnhofgebäudes. Unmittelbar anschließend entdecken wir den **Pfalzfelder Obelisk** 4, die Rekonstruktion eines frühkeltischen Grabmals, das im 4. Jahrhundert v. Chr. vermutlich ein Hügelgrab geziert hat. Daneben wartet die ganz neu errichtete, moderne **Erlebnisgastronomie Gleis 3** 5 in idealer Lage für Radtouristen auf Gäste.

Wir setzen unsere Fahrt fort, wobei wir über Felder und durch Wald fahren und auf das ehemalige Bahnhofsgelände des Örtchens **Lingerhahn** stoßen, das wir an der hübsch auf ein paar Metern Gleisen drapierten feuerroten Rangierlok erkennen. Wenige Kilometer weiter kommen wir wieder aus dem Wald heraus und können den freien Blick über die hier fast ebene, weite Landschaft mit ihren endlosen Getreide- und Rapsfeldern genießen. Bald darauf führt uns der Weg durch einen intensiv nach Nadeln duftenden Tannenwald, der wenig später wieder den Blick über weite Felder freigibt, hinter denen wir am Horizont die Vulkanhügel der Eifel erkennen können.

An einer Reihe riesiger, silberner Silos, die hinter einem grünen Streifen Bäume aufragen, erkennen wir, dass wir das Gewerbegebiet von **Kastallaun** passieren. Nach einem kurzen Stück treffen wir auf den Busbahnhof, an dem auch der Radlerbus hält. Vor dem anschließenden Parkplatz bei einem Eiscafé biegen wir rechts ab und fahren über den **Spesenrother Weg** 500 Meter leicht bergab in die Ortsmitte von Kastellaun. Dort treffen wir an einem dreieckigen Platz auf die **Laubacher Straße,** in die wir wegen einer Einbahnstraßenregelung nicht links abbiegen können, um in die **Marktstraße** zu gelangen. Stattdessen fahren wir geradeaus und nach 50 Meter links in die Bopparder Straße ab und gleich danach rechts in die schmale **Marktstraße,** wo wir auf die spärlichen Reste eines Stadttores treffen.

Von hier aus können wir die kleine Altstadt erkunden. Gleich als Erstes treffen wir auf das zauberhafte,

Badische Amtskellerey von 1670

Burg Kastellaun

kleine **Kunst- & Kulturcafé** 6. Außer Kaffee und Kuchen gibt es Suppen und Salate und frisch zubereitete Kleinigkeiten aus Ofen und Pfanne in gemütlich-modernem Wohnzimmerambiente.

Die Marktstraße geht in die Schlossstraße über, an deren Ende das Restaurant im historischen Gemäuer der **Badischen Amtskellerey von 1670** 7 mit einem Gastgarten wartet. Wir lassen uns durch die weiteren Gassen der Altstadt mit ihren Fachwerkhäusern treiben, hinter denen die malerische Ruine der **Burg Kastellaun** 8 aufragt. Wir beenden unseren Besuch in der Kastellauner Altstadt und fahren zurück auf den **Schinderhannes-Rad-**

Zur Erinnerung an die jüdischen Mitbürger wurden in der Marktstraße und einigen anderen Straßen 10 x 10 Zentimeter große ***Stolpersteine*** *in die Gehwege eingelassen. Sie wurden von einer Kastellauner Schule mit QR-Codes ergänzt, um weitere Informationen über die Opfer zu erhalten.*

Windräder im Külztal

weg und auf ihm weiter entlang des Stadtrandes und vorbei an schicken Einfamilienhäusern. Dabei geht es leicht bergauf. Fast oben auf dem Hügel angekommen, erreichen wir eine Kreuzung, an der ein Wegweiser nach rechts zum **Aussichtsturm Bell** ⑨ weist. Der Abstecher von etwa 1 Kilometer lohnt sich an klaren Tagen, da man vom Turm sehr weit blicken kann.

Weiter geht es auf dem Schinderhannes-Radweg Richtung Simmern, zunächst einen guten halben Kilometer entlang einer Kaserne und der **B 327,** bevor er in einer lang gezogenen Linkskurve in den Wald eintaucht. Endlich haben wir die letzte Steigung hinter uns, und es geht bis Simmern praktisch nur noch bergab. Wir können die Räder laufen lassen und durch den märchenhaften Wald rauschen. Vor **Hasselbach** verlässt der Weg wieder den Wald und führt uns über Felder und vorbei am sympathisch wirkenden Dorf Alterkülz weiter durch das Külztal.

Nachdem wir unten im Tal die **Landstraße L 108** überquert haben, erstreckt sich links von uns ein Naturidyll, in dem sich mehrere kleine Bäche zum **Külzbach** vereinigen. Bei Interesse an römischen Villen kann man wenig später einen Stopp einlegen, um die ausführlichen Texte einer Infotafel über den römischen Gutshof **Villa Rustica** bei Alterkülz zu lesen. Der Gutshof wurde bei Straßenbauarbeiten im 19. Jahrhundert entdeckt, jedoch gibt es außer der Tafel leider nichts mehr zu sehen.

50. Breitengrad

Der Radweg führt uns weiter durch das idyllische Tal mit saftig grünen Wiesen, kleinen Dörfern und der ein oder anderen alten Steinbogenbrücke. Eine Steinskulptur markiert den 50. Breitengrad, den man hier überquert. Auch dazu gibt es eine Tafel mit ausführlichen geografischen Erläuterungen. Kurz vor Ende der Tour durchfahren wir noch einen kurzen **Tunnel,** hinter dem man zur letzten Einkehrmöglichkeit **Hotel Bergschlösschen** ⑩ nach links abbiegen kann.

Rund 300 Meter weiter sehen wir vor uns eine Eisenbahnbrücke, an der die alte Bahntrasse auf die **Hunsrückquerbahn** trifft, weshalb unser Weg die Trasse an dieser Stelle verlässt. Auf einer alten Kastanienallee radeln wir auf den letzten Metern bis zum **Parkplatz,** wo unsere Fahrradtour auf dem Schinderhannes-Radweg endet. Wenige Meter weiter beim Kreisverkehr befindet sich die Bushaltestelle für den Fahrradbus, der nach Kastellaun fährt.

Um den Schinderhannes-Radweg in eine zwei- bis dreitägige Rundtour zu integrieren, fährt man von Simmern über den Hunsrück-Radweg 31 Kilometer hinunter zum Rhein, von dort am Fluss entlang nach Boppard und mit der Bahn hinauf nach Emmelshausen.

Wer noch Lust und Muße hat, kann das 1 Kilometer entfernte **Neue Schloss mit Hunsrück-Museum Simmern** ⓫ besuchen, in dem man unter anderem die Kunstsammlung Friedrich Karl Ströher zu sehen bekommt. Ferner kann man sich noch den **Schinderhannesturm** ⓬ ansehen. Als Teil der ehemaligen Stadtbefestigung diente er als Pulverturm und Gefängnis, in dem der Räuber Schinderhannes 1799 inhaftiert worden war. Ein kleines Museum im Turm erzählt mehr über den Räuber. Sogar sein Hut ist im Turm ausgestellt.

Tunnel Simmern

Die Hunsrückbahn

Die Hunsrückbahn führt von Simmern, wo sie von der Hunsrückquerbahn abzweigt, nach Boppard am Rhein. Zwischen Boppard und Emmelshausen ist sie heute noch in Betrieb und gilt als die steilste Strecke Deutschlands. Der Abschnitt Simmern–Kastellaun wurde 1901 eröffnet, 5 Jahre danach der nächste Abschnitt bis Pfalzfeld und schließlich 1908 der letzte Teil der Strecke bis Boppard. Die Hunsrückbahn ist eine Nebenlinie der Hunsrückquerbahn, die von Langenlonsheim vom Nahetal abzweigt und über Simmern nach Hermeskeil führt. Die Strecke ist stillgelegt, die Gleise sind aber noch vorhanden, sodass eine Wiederaufnahme des Betriebs diskutiert wird. Die Stilllegung der Strecke zwischen Simmern und Emmelshausen erfolgte 1983. Der verbliebene Teilabschnitt nach Boppard wurde 2008 hingegen aufwendig saniert. Danach erfolgte ein Betreiberwechsel, woraufhin die Bahnsteige umgebaut und moderne Nahverkehrszüge eingesetzt wurden. Der stillgelegte Streckenabschnitt von Emmelshausen nach Pfalzfeld wurde 1990 als Fahrradweg eröffnet, der anschließende Abschnitt bis Simmern im Jahr 2000.

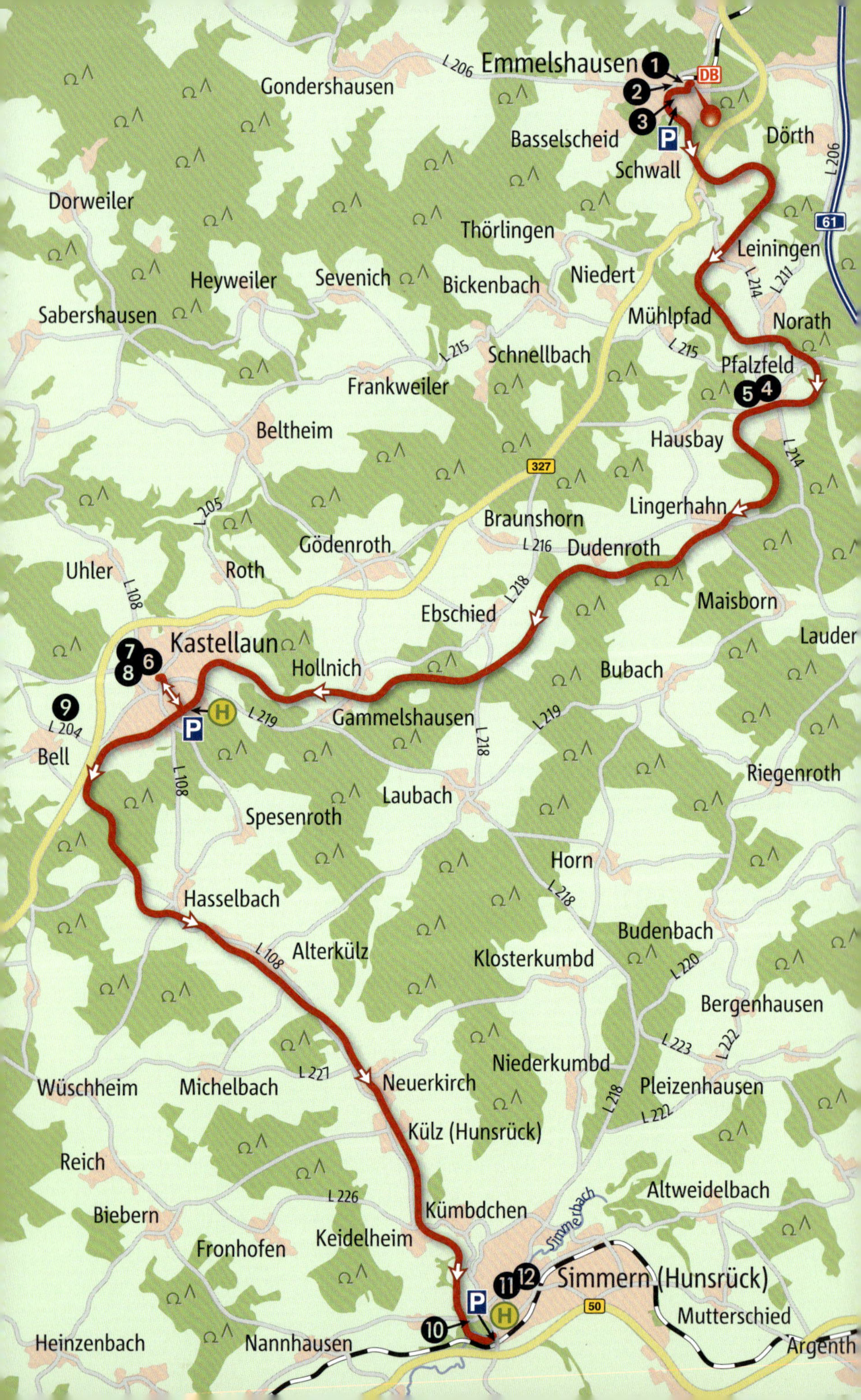
Emmelshausen
DB
L 206
Gondershausen
Basselscheid
Schwall
Dörth
Dorweiler
Thörlingen
61
Leiningen
Heyweiler
Sevenich
Bickenbach
Niedert
L 214
L 211
Sabershausen
Mühlpfad
Norath
L 215
Schnellbach
Pfalzfeld
Frankweiler
Beltheim
Hausbay
327
L 205
Lingerhahn
Braunshorn
Gödenroth
L 216
Dudenroth
Uhler
Roth
L 108
L 218
Ebschied
Maisborn
Kastellaun
Lauder
Hollnich
Bubach
L 219
Gammelshausen
L 204
Bell
Riegenroth
Laubach
Spesenroth
Horn
Hasselbach
Budenbach
Alterkülz
Klosterkumbd
L 220
Bergenhausen
L 223
L 222
Niederkumbd
L 221
Wüschheim
Michelbach
Neuerkirch
Pleizenhausen
Külz (Hunsrück)
Reich
Altweidelbach
L 226
Simmerbach
Biebern
Kümbdchen
Fronhofen
Keidelheim
Simmern (Hunsrück)
50
Mutterschied
Heinzenbach
Nannhausen
Argenth

Alles auf einen Blick

WIE & WANN:
Durchgehend autofrei (außer beim Abstecher nach Kastellaun) und sehr gut asphaltiert auf der Bahntrasse, sehr leichte Steigungen und Gefälle. Zwischen Emmelshausen und Kastellaun verkehrt der Radbus Hunsrück-Mosel (Linie 629), zwischen Kastellaun und Simmern der Radbus Schinderhannesland (Linie 666). Infos und Buchungen auf www.radbusse.de. Ganzjährig befahrbar, beste Radelzeit Mai bis Anfang Oktober

Entspannung ✱✱✱✱✱
Genuss ✱✱✱✱✱
Romantik ✱✱✱✱✱

HIN & WEG:
Auto: Parkplatz Simmern (GPS: 49.976538, 7.517587) Nähe Haltestelle Fahrradbus
ÖPNV: Bahnhof Emmelshausen (RB), Radbus Hunsrück-Mosel (629) nach Emmelshausen

ESSEN & ENTSPANNEN:
Café und Bäckerei Jung ❷ Rhein-Mosel-Straße 38, 56281 Emmelshausen, Tel. (0 67 47) 9 53 90 10, www.jung-back.de **Restaurant San Marco** ❸ Rhein-Mosel-Straße 45, 56281 Emmelshausen, Tel. (0 67 47) 78 25, sanmarco.laveres.de **Erlebnisgastronomie Gleis 3** ❺ Raiffeisenstrasse 19, 56291 Pfalzfeld, Tel. (0 67 46) 8 02 97 03, www.gleis3-pfalzfeld.de **Kunst- & Kulturcafé** ❻ Marktstraße 4, 56288 Kastellaun, Tel. (01 74) 3 19 53 42, www.werkraum-schaugenau.de/kunst-kultur-cafe **Badische Amtskellerey von 1670** ❼ Schlossstraße 19, 56288 Kastellaun, Tel. (0 67 62) 4 01 90, www.badische-amtskellerey.de **Hotel Bergschlösschen** ❿ Nannhausener Straße 4, 55469 Simmern, Tel. (0 67 61) 90 00, www.hotel-bergschloesschen.de

ENTDECKEN & ERLEBEN:
Hunsrückbahnmuseum ❶ Bahnhofstraße 5, 56281 Emmelshausen, www.hunsrueckbahnmuseum.de **Pfalzfelder Obelisk** ❹ **Schinderhannes-Radweg,** 56291 Pfalzfeld **Burg Kastellaun** ❽ Schlossstraße 13, 56288 Kastellaun, Tel. (0 67 62) 40 72 14, www.burg-kastellaun.de **Aussichtsturm Bell** ❾ **Neues Schloss mit Hunsrück-Museum Simmern** ⓫ Schlossplatz 4, 55469 Simmern, Tel. (0 67 61) 70 09, www.hunsrueck-museum.de **Schinderhannesturm** ⓬ Turmgasse 8, 55469 Simmern

- 23 Kilometer
- 144 Höhenmeter
- 3 Stunden
- Streckentour

Café Sherlock

In der Ortsmitte des äußerst beschaulichen Dörfchens Bolsdorf befindet sich gegenüber dem Feuerwehrhaus, neben dem Gemeindehaus Alte Schmiede ein kleiner Parkplatz auf grünem Rasen, wo wir unsere Tour starten. Wir kreuzen die Hauptstraße **Am Berg** bei der Kirche, auf die man auch trifft, wenn man mit der Bahn über Oberbettingen-Hillesheim anreist. Der Radwegweiser nach Hillesheim und das Logo für den **Kalkeifel-Radweg**, das uns ab hier auf der gesamten Tour begleiten wird, weisen uns die Richtung. Schon nach 60 Metern gabelt sich das kleine Sträßchen. Während rechts ein aus Natursandstein erbautes altes Backhaus steht, das an ein Hexenhäuschen erinnert, fahren wir geradeaus auf das weiße Gebäude Kleines Museum

Krimitour

Kulturreiche Strecke ins Ahrtal

Bolsdorf zu. Durch ein großes Fenster kann man einen Blick in das meistens geschlossene Museum werfen.

Der fein geschotterte Weg führt am Museum vorbei in das Bolsdorfer Tälchen, ein landschaftliches Highlight gleich zu Beginn der Radtour. Der Hillesheimer Bach plätschert rechts des Weges durch den schönen Mischwald im engen Tal. Mehrere Bänke laden uns dazu ein, uns niederzulassen, um die Stille und Harmonie dieser wunderbaren Naturidylle auf uns wirken zu lassen. Leicht ansteigend führt der Waldweg gen Hillesheim. Noch bevor wir die Stadt erreichen, verlässt der Weg den Wald und führt über Wiesen weiter leicht bergauf. Er tangiert einen kleinen See im Naherholungsgebiet Bolsdorfer Tälchen.

Der Kalkeifel-Radweg zwischen Bolsdorf und Ahrdorf verbindet den Radweg an der Kyll bequem über die steigungsarme Bahntrasse mit dem Ahr-Radweg, über den man ohne Steigungen letztendlich das Rheintal erreichen kann.

Dem Radwegweiser folgend biegen wir rechts ab, passieren bald darauf eine Tennishalle und einen Sportplatz und fahren auf die beachtlichen Reste der **Stadtmauer von Hillesheim** 1 zu. Auf unserem weiteren Weg lassen wir sie rechts liegen und treffen in der Stadtmitte von Hillesheim auf die stark befahrene **B 421.** Hier fahren wir geradeaus weiter und sehen schon nach wenigen Metern das **Krimihotel** 2 auf der linken Straßenseite. Es trägt seinen Namen zu Recht, er ist eindeutig Programm. Das Hotel hat nicht nur 20 unterschiedlich und stilvoll eingerichtete Krimizimmer mit Themen von Alfred Hitchcock über Pater Brown bis Sherlock Holmes, sondern auch ein schönes Restaurant im altenglischen Stil, das erfreulicherweise täglich ohne Ruhetag ab Mittag geöffnet hat. Hier oder auf der schönen Terrasse kann man wunderbar eine Mittagspause einlegen.

Wenn wir der abknickenden Vorfahrtstraße **Am Markt** folgen, sehen wir schon zwei Häuser weiter das nächste Gebäude und den Grund, warum sich Hillesheim zu Recht Krimihauptstadt der Eifel nennt, nämlich **Das Kriminalhaus** 3. Es beherbergt außer einem Kriminalverlag eine Bibliothek mit 30.000 Krimis, ein Antiquariat und eine Buchhandlung mit Krimiliteratur und nicht zuletzt das zauberhafte **Café Sherlock** 4. Es ist mit antiken Möbeln eingerichtet und mit Mordwaffen und Kerzenleuchtern dekoriert, zwischen denen man die reichhaltige, teils britisch angehauchte Speisekarte studieren kann.

Das Café Sherlock ist nicht nur ein Geheimtipp für Liebhaber von Krimis und altenglischem Ambiente. Hier gibt es zwischen zahlreichen anderen Leckereien auch echt englischen Cream Tea mit Scones und Clotted Cream. Sollte man sich nicht entgehen lassen.

Spätestens hier sollten wir die Fahrräder abgestellt haben, um nach der Einkehr kurz durch die Gassen der Altstadt zu bummeln. Hier begegnet uns noch das **Ristorante Pizzeria Lo Stivale und Eisdiele** 5 für diejenigen, die mehr Lust auf Pizza oder italienisches Eis haben.

Wir schwingen uns wieder auf die Räder, um gleich an der nächsten Straße nach links von der Hauptstraße **B 421** in die **Kölner Straße** zu fahren. Nach 90 Metern biegen wir von dieser nicht viel weniger befahrenen Straße rechts ab auf **Am alten Born** und fahren nach einer Reihe Parkplätze wieder rechts in einen schmalen Pfad, der nur dank der Beschilderung und des auf der Fahrbahn aufgemalten Pfeils nicht zu verfehlen ist. Dieser Weg geht kurz danach in die Straße **Auf der Lahn** über, die uns an Einfamilienhäusern vorbei recht steil bergauf führt. Vor einer kleinen weißen Kapelle biegen wir links ab auf die Straße **Im Hundspesch** und unterqueren kurz darauf durch einen Tunnel den Bahndamm der alten Bahntrasse Dümpelfeld–Lissendorf, auf der wir die Fahrt gleich fortsetzen werden. Dazu biegen wir gleich hinter dem Bahndamm rechts ab und erreichen nach 80 Metern an einer Gabelung endlich die Bahntrasse, auf der der asphaltierte Radweg Richtung Walsdorf weiterführt.

Wir haben den höchsten Punkt unserer Tour er-

Für die Seele

Auf dem Kalkeifel-Radweg durch Hillesheim zu einem Wasserfall und bis ins Ahrtal.

Wasserfall Dreimühlen

> *Vor 360 Millionen Jahren war die heutige Eifel Meeresboden, der vom Kalk der Korallenriffe bedeckt war. Später wurden die Kalkschichten durch Erosion abgetragen – außer in den für die Region typischen Mulden wie der Hillesheimer Kalkmulde.*

reicht, sodass wir ab hier die nächsten knapp 20 Kilometer fast immer leicht bergab radeln werden. Von dem mit Bäumen und Sträuchern bewachsenen Trassenrand haben wir immer wieder einen kurzen Blick auf die weite, sanft hügelige Landschaft der Hillesheimer Kalkmulde. In der Ferne können wir schon die Kulisse der Burg Kerpen erkennen, an der wir später vorbeikommen werden.

Bei Walsdorf überqueren wir die Landstraße **L 10**, um auf der gegenüberliegenden Seite die Fahrt entlang des ehemaligen Bahnhofgeländes von Walsdorf fortzusetzen. Am Ende des Geländes fahren wir auf der eigentlichen Bahntrasse weiter, die sich in einer lang gezogenen Linkskurve schließlich der vorhin überquerten Landstraße nähert, die Walsdorf und Kerpen verbindet. Wir werden von der Trasse geleitet und müssen die Fahrt nach rechts parallel der Landstraße fortsetzen, während man gegenüber die Fortsetzung der mit Bäumen bewachsenen Trasse noch gut erkennen kann. Wenig später wird sie in einer lang gezogenen Rechtskurve wieder die Straße erreichen. Da dieser Teil der Bahntrasse aber nicht ausgebaut ist, kürzen wir den Bogen entlang der Straße praktisch ab.

Nach 600 Metern treffen wir auf die Stelle, an der die Straße die Bahntrasse durchschneidet und wir nach rechts geleitet die Fahrt auf ihr fortsetzen können, bis sich das Spiel am Ende der folgenden Linkskurve noch einmal wiederholt und wir wieder rechts an der Landstraße weiterfahren. Nach 500 Metern folgen wir dem Radweg leicht nach rechts und fahren neben dem Bahndamm weiter auf einem Feldweg. An der kommenden T-Kreuzung halten wir uns links. Schließlich erreichen wir an einem Stoppschild die **Loogher Straße** am Ortsrand von Kerpen, auf die wir nach links abbiegen.

Nach dem Ortsschild von Kerpen fahren wir an der ersten Abzweigung rechts in die **Bahnhofstraße.** An der nächsten Kreuzung, an der sich mehrere Wege treffen, fahren wir geradeaus weiter und sehen gleich links **Das kleine Landcafé 6**, in dessen hübschem Gastgarten man eine entspannte Pause einlegen kann.

Wir fahren die Straße hinunter und gelangen in den pittoresken historischen Ortskern, ein fotogenes Ensemble historischer Häuser, über dem die **Burg Kerpen 7** wacht. Direkt unter der privaten Burg, die leider nicht zu besichtigen ist, liegt **Die Einkehr 8** mit Herberge und Hoflokal, sprich stilvollem Landhotel und Restaurant: vom Feinschmecker-Magazin als „charmantes Hotel" ausgezeichnet.

Vor dem Hotel Die Einkehr biegen wir rechts ab auf die **Bachstraße** und fahren unterhalb der Burgmauern in einer Linkskurve aus dem Ort. Wir passieren eine kleine Kapelle und ein Sandsteinkruzifix unter alten Bäumen und fahren geradeaus weiter auf dem asphaltierten Rad- und Fußweg, der sich nun wieder auf der alten Bahntrasse befindet. Kurz danach überqueren wir an einem Stoppschild eine Landstraße, um danach die Tour auf der nicht asphaltierten Trasse fortsetzen zu können.

Die ältesten Bauteile der Klosterkirche Niederehe stammen aus dem 12. Jahrhundert, in dem das Augustinerinnenkloster für Adelige gegründet wurde. Besonders sehenswert sind das Chorgestühl aus dem 16. Jahrhundert und die barocke Balthasar-König-Orgel.

Der Kalkofen war eine von vielen kleinen Kalkbrennereien, wie sie schon zur Römerzeit betrieben wurden, zur Deckung des Bedarfs an Bau- und Düngekalk. Diese Öfen wurden bis Ende des Zweiten Weltkriegs verwendet.

Nach 500 Metern müssen wir die Bahntrasse kurz vor Niederehe schon wieder verlassen, um erst nach dem Ort wieder auf sie zu treffen. Der Radweg bringt uns über einen kurzen Anstieg durch einen kleinen Wald und vorbei an Feldern und Wiesen nach Niederehe. In der Dorfmitte ragt hinter einer Steinmauer der Turm der **Klosterkirche Niederehe ⑨** in den Himmel. Der Besuch des Kircheninnern lohnt allemal den kleinen Abstecher nach links. Direkt gegenüber befindet sich der **Landgasthof Schröder ⑩,** der aus Jacques Berndorfs Krimis bekannt ist.

Wir radeln an der Klostermauer entlang ein kleines Stück weiter, um dann dem Radwegweiser folgend am Ende der Mauer rechts abzubiegen. Das kleine Sträßchen mündet wenig später in die Umfahrungsstraße **Nohner Straße,** die wir überqueren, um auf dem Radweg auf der gegenüberliegenden Seite weiterzufahren. Kurz danach nehmen wir beim Wegweiser Richtung Wasserfall links den Weg hinunter, kommen an einem Brückenkopf der alten Bahntrasse vorbei und überqueren den Niedereher Bach, um auf dem asphaltierten Weg weiter durch das Tal zu fahren.

Nach 1 Kilometer erreichen wir eine T-Kreuzung, an der wir links fahren müssen. Hier lohnt ein kurzer Abstecher nach rechts zum restaurierten **Kalkofen ⑪,** einer historischen Kalkbrennerei. Dazu müssen wir den Niedereher Bach überqueren und vor dem Bahndamm links fahren. Nach einer 180-Grad-Kurve stoßen wir 100 Meter weiter auf die Landstraße **L 68**, wo wir schon rechts den kleinen Parkplatz mit dem Industriedenkmal sehen.

Wir fahren zurück auf unseren Radweg und setzen die Fahrt fort, um kurz darauf in einen Wald einzutauchen. Nach etwa 700 Metern können wir die Fahrt wieder direkt auf der Bahntrasse fortsetzen. Schließlich erreichen wir ein weiteres Naturhighlight, den **Wasserfall Dreimühlen ⑫.** Er befindet sich direkt unterhalb der Bahntrasse bei einem Rastplatz und einer kleinen Brücke, über die man den Bach überquert, der den Wasserfall speist. Wir müssen über einen Pfad ein paar Meter den Trassenhang hinuntersteigen, um das menschenverursachte Naturphänomen des Wasserfalls bestaunen zu können. Beim Bau der Bahnlinie wurden drei Bäche zu einem zusammengefasst und das Wasser über die Kante des Bahndamms geleitet. Das karbonatreiche Wasser setzt an der Spritzkante Kohlendioxid frei, und das verbleibende Kalciumkarbonat überkrustet das dort wachsende Moos, wodurch Sintergestein entsteht, über das das Wasser ständig weiterläuft und somit etwa 10 Zentimeter pro Jahr weiterwächst.

Wir setzen unsere Fahrt fort und kommen nach wenigen Metern an den kläglichen Resten der Burgruine Dreimühlen vorbei. Nach weiteren knapp 500 Metern müssen wir die Bahntrasse nach rechts über eine moderne Stahlbrücke verlassen, da die Bahnlinie hier auf das Betriebsgelände eines riesigen Kalkwerks führt. Gegenüber dem Kalkwerk sehen wir einen ebenso gigantischen Kalksteinbruch.

Ab der anderen Seite des Werksgeländes wird die Bahntrasse zwischen Ahütte und Ahrdorf durch das Ahbachtal interessanterweise von der Landstraße ge-

Kapelle bei Kerpen

nutzt, sodass der Radweg auf die andere Talseite ausweichen muss. Wir treffen auf eine Betonstraße und müssen sie gleich an einer Abzweigung nach rechts verlassen, wobei wir den Ahbach überqueren. Kurz danach müssen wir wieder links abbiegen und dem Weg weiter folgen, während wir an Ahütte vorbeifahren. Unser Weg trifft auf die **Ahbachstraße,** auf die wir rechts Richtung Blankenheim einbiegen. Hinter dem Ortsendeschild müssen wir links abbiegen Richtung Hammermühle.

Nun liegen 4 traumhaft schöne Kilometer bestens asphaltierter Radweg durch die unberührte Natur im bewaldeten romantischen Ahbachtal vor uns, einer der schönsten Streckenabschnitte überhaupt. Während wir fast durchgehend entspannt leicht bergab radeln, können wir dem Zwitschern der Vögel lauschen und die kühle Waldluft einatmen. Knorrige alte Buchen säumen den Weg und ausladende Erlen das naturbelassene Bachufer.

Burgruine Neublankenheim

Nach 2,5 Kilometern erreichen wir einen kleinen Rastplatz am Weges- und Waldrand, an dem wir unbedingt stoppen sollten. Durch die aufgrund von Baumfällung entstandene Bresche am Waldrand können wir über die Talauen zur **Burgruine Neublankenheim** ⑬ schauen, die bilderbuchhaft aus dem gegenüberliegenden Wald aufragt, und das malerische Bild auf uns wirken lassen.

Nach weiteren 1,8 Kilometern endet der Kalkeifel-Radweg an der Landstraße **L 167.** Hier ist auch das Ahbachtal zu Ende und mündet in das Ahrtal. Direkt gegenüber, auf der anderen Straßenseite, kann man die Fahrt auf dem Ahr-Radweg und entlang des weiteren Verlaufs der Bahnlinie Dümpelfeld–Lissendorf (Tour 12) bis Dümpelfeld circa 21 Kilometer fortsetzen.

Bahnlinie Lissendorf—Ahrdorf

Der Kalkeifel-Radweg von Bolsdorf nach Ahrdorf folgt im Wesentlichen der Trasse der ehemaligen Bahnlinie Dümpelfeld–Lissendorf. Der Bau dieser 44 Kilometer langen Strecke begann erst 1909 und wurde drei Jahre später vollendet. Sie verband somit das Ahrtal mit dem Venn und der Nordeifel über den Abzweig Lissendorf, wo sie in die heute noch betriebene Strecke durch das Kylltal mündete und bis nach Jünkerath führte. Dort verkehrte die Vennquerbahn bis zum Abzweig Weywertz im heutigen Belgien, wo sie auf die Linie der Vennbahn traf. Die Verbindung der Ahrtalbahn mit der Vennquerbahn wurde um 1900 aus strategischen Gründen geplant. 1973 wurde der Verkehr auf der Strecke Dümpelfeld–Lissendorf sowohl für Personen als auch Güter eingestellt, und 2008 wurde die Trasse als Kalkeifel-Radweg eröffnet.

BAHNTRASSE

Uedelhoven
Ahrdorf
Ahr
258
P
Hoffeld
Alendorf
Dollendorf
Esch
L 115
Mirbach
13
Trierscheid
L 10
Feusdorf
Üxheim
Leudersdorf
L 70
Wiesbaum
Ahütte
K 85
K 69
L 10
Nohn
K 74
Birgel
12
L 72
L 68
Lissendorf
10
9
11
L 70
Borler
8
7
6
Kerpen (Eifel)
Niederehe
K 59
K 86
Kyll
L 26
Berndorf
L 68
K 59
Loogh
421
K 58
2
Hillesheim
Heyroth
Bongard
L 10
Ahbach
L 10
3
4
1
5
Oberbettingen
DB
Oberehe-Stroheich
Zilsdorf
L 27
Walsdorf
410
P
Boldsorf

Alles auf einen Blick

WIE & WANN:
Vorwiegend autofrei und teilweise asphaltiert, auf den ersten 3,5 Kilometern leicht ansteigend, danach stetig leicht abfallend. Bei Ahrdorf direkter Anschluss an den Bahntrassenradweg nach Dümpelfeld (21 Kilometer, Tour 12). Im Westen Anschluss an den Kyll-Radweg. Ganzjährig befahrbar, beste Radelzeit Mai bis Oktober

HIN & WEG:
Auto: Parkplatz Bolsdorf, Im Bachgarten, 54767 Hillesheim-Bolsdorf (GPS: 50.273032, 6.656574)
ÖPNV: Bf. Oberbettingen-Hillesheim (RB), von dort mit dem Rad 2 Kilometer nach Bolsdorf

ESSEN & ENTSPANNEN:
Krimihotel ❷ Am Markt 14, 54576 Hillesheim,
Tel. (0 65 93) 98 08 96 00, www.krimihotel.de
Café Sherlock im Kriminalhaus ❹ Am Markt 5–7, 54576 Hillesheim,
Tel. (0 65 93) 80 94 35, www.kriminalhaus.de

Entspannung ★★★★★
Genuss ★★★★★
Romantik ★★★☆☆

Ristorante Pizzeria und Eisdiele Lo Stivale (5) Graf-Mirbach-Straße 4,
54576 Hillesheim, Tel. (0 65 93) 93 05
Das kleine Landcafé ❻ Fritz-von-Wille-Straße 8, 54578 Kerpen (Eifel),
Tel. (0 65 93) 99 69 69, www.daskleinelandcafe.de
Die Einkehr ❽ Bachstraße 2, 54578 Kerpen (Eifel),
Tel. (0 65 93) 3 09 96 00, www.die-einkehr.de
Landgasthof Schröder ❿ Kerpener Straße 7, 54579 Üxheim,
Tel. (0 26 96) 10 48, www.landgasthof-schroeder.de

ENTDECKEN & ERLEBEN:
Stadtmauer von Hillesheim ❶
Das Kriminalhaus ❸ Am Markt 5–7, 54576 Hillesheim,
Tel. (0 65 93) 99 89 60, www.kriminalhaus.de **Burg Kerpen** ❼ nicht öffentlich zugänglich
Klosterkirche Niederehe ❾ Im Klosterhof 2, 54579 Üxheim
Kalkofen ⓫ **Wasserfall Dreimühlen** ⓬ **Burgruine Neublankenheim** ⓭

Blick auf Schuld

- 22 Kilometer
- 122 Höhenmeter
- 2,5–4,5 Stunden
- Streckentour

Der kleine Parkplatz, von dem wir auf den Ahr-Radweg starten, liegt bei Ahrdorf an der L 167 zwischen den Abzweigungen zur Hubertusstraße und zur L 65. Wir starten auf dem Radweg an der **L 167** nach rechts Richtung Altenahr, überqueren gleich die Abzweigung der Landstraße nach Hillesheim und unmittelbar danach den kleinen Ahbach, der ganz in der Nähe in die Ahr mündet. Gleich danach überqueren wir die Landstraße nach links in Richtung Altenahr.

Der Radweg beginnt recht eindrucksvoll, er führt an einem steilen, bewaldeten Berghang entlang. Relativ tief unten fließt die **Ahr.** Wenn wir genau hinschauen, sehen wir dort eine alte Eisenbahnbrücke, die im Krieg nicht zerstört, aber inzwischen vollständig vom Wald erobert wurde. An einer **Gabelung** halten wir uns

Ahrdorf, das auch einen Campingplatz hat, ist ein günstig gelegener Ausgangsort für Radtouren in drei Richtungen. Außer der hier beschriebenen Route kann man den Ahr-Radweg in die andere Richtung nach Blankenheim fahren und auf Tour 11 nach Bolsdorf.

Am Fluss entlang

Im grünen Tal der Ahr

links und fahren kurz leicht talwärts in die Ufernähe der Ahr, der wir in einem großen Linksbogen folgen.

Am Natursteingebäude einer ehemaligen Mühle führt der Weg kurz ansteigend in den Wald. Wenig später sehen wir am anderen Flussufer den Campingplatz Stahlhütte, während rechts von uns der Bahndamm deutlich zu erkennen ist, auf dem gleich der Radweg weiterführen wird. Dazu steigt der Weg kurz leicht an und führt auf der Trasse – nun leider unasphaltiert – weiter. Nach einem knappen Kilometer verlassen wir sie zwar schon wieder, fahren dafür aber auf asphaltiertem Untergrund entlang der Ahr durch die naturbelassene Talaue bis zum nächsten Ort **Müsch.**

Die Ahr

Das erste Gebäude, auf das wir treffen, ist der ehemalige Müscher Bahnhof, der heute eine Pension beherbergt. An der nächsten Abzweigung biegen wir links ab und folgen der **Bahnhofstraße,** überqueren kurz danach die **B 258** und fahren die **Ahrstraße** weiter. Nach dem Hofladen Leif müssen wir auf den Wegweiser achten und rechts in die Bergstraße abbiegen. Wenn wir an dieser Stelle stattdessen geradeaus fahren, überqueren wir die Ahr und treffen auf **Sion´s Eifeler Räucherkammer 1,** eine Lachsräucherei mit nettem kleinen Restaurant und Imbiss.

Die Bergstraße trägt ihren Namen zu Recht, da sie auf zwei Serpentinen ansteigt und uns wieder auf die Bahntrasse führt, sobald wir oben auf dem Hügel links abgebogen sind.

Die Stever zeigt uns kurz vor ihrer Mündung in den Hullerner See, wie sie sich vor der Regulierung ursprünglich in engen Mäandern durch den Landstrich gewunden hat und naturgemäß von alten Bäumen gesäumt wurde.

Für die Seele

Entschleunigen entlang der Ahr im romantischen Tal zwischen Felsen und Fachwerk.

Der geschotterte Weg taucht wieder in einen Wald ein. Bald kommen wir zu einer eindrucksvollen Stützmauer, unter deren Bögen jemand eine private Mineralienausstellung installiert hat. Des Weiteren ist auf einer Tafel die interessante Geschichte eines 13-jährigen Jungen aus den letzten Kriegstagen zu lesen: Da am 4. März 1945 die Eisenbahnbrücke bei Fuchshofen von deutschen Soldaten gesprengt worden war, strandete hier ein Verpflegungszug der Wehrmacht, der von der Bevölkerung geplündert wurde. Der Fettfleck, der durch zertretene Butter und Schmalz entstanden ist, soll bis Anfang der 50er-Jahre zu sehen gewesen sein.

Der Radweg führt uns weiter durch kühlen schattigen Wald. Nachdem wir den Wald verlassen haben und der Blick auf die Tallandschaft frei ist, nähern wir uns, nun wieder auf asphaltiertem Untergrund, Antweiler. Der Weg mündet in eine talwärts führende Straße, die auf einen kleinen Abstecher direkt in den Ort führt. Bevor wir rechts dem Radweg folgen, halten wir uns zunächst links und fahren über eine schöne Bogenbrücke über die Ahr. Unmittelbar danach befindet sich rechts direkt am Flussufer unter alten Bäumen ein Rastplatz mit Picknickbank und lädt zu einer Pause am Wasser ein. Man kann stattdessen auch die Straße ein Stückchen weiter bis zur **Pizzeria da Paolo** ❷ fahren.

Zurück an der Abzweigung folgen wir nun dem **Ahr-Radweg,** der uns am ehemaligen Bahnhofsgelände entlangführt. Danach macht der Weg eine S-Kurve, unterquert die Bahntrasse durch einen Tunnel und führt dann hinauf zur Trasse und einem Rastplatz mit Aussicht auf den Ort. Außer einem Signalmast befinden sich hier noch Tafeln, die über Antweiler und die Geschichte der Ahrtalbhahn informieren.

Weiter geht es auf dem ab hier wieder unasphaltierten Weg entlang des steilen bewaldeten Berghangs über der Ahr. Er bringt uns durch üppige Natur nach Fuchshofen, wo wir vor dem Ort an einer Schranke die Bahntrasse wieder nach schräg links verlassen müssen. Im Ort treffen wir auf die **Hauptstraße,** auf der

Ehemalige Eisenbahnbrücke

wir links abbiegen und die Ahr überqueren. Links von uns befindet sich eine alte Eisenbahnbrücke, hinter der die Bahnlinie in einem Tunnel verschwindet. Leider können sich die Behörden mit dem Eigentümer des Terrains nicht auf einen Kaufpreis einigen, um die Trasse für den Radweg nutzen zu können, weshalb wir hier rechts auf die Landstraße **L 73** abbiegen und die nächsten 4,5 Kilometer auf der Straße ohne Radweg fahren müssen. Die Straße ist nicht stark befahren, aber auf der recht langen Strecke werden wir immer wieder und auch in Kurven von Lkw und schnellen Pkw überholt. Vorsicht ist geboten.

Nach einer Kurve werfen wir einen Blick auf den schönen **Laufenbacher Hof** ③ am linken Straßenrand. Besichtigen kann man den Hof allerdings nicht. Kurz danach kreuzen wir auf der rechtsabknickenden Vorfahrtstraße die Ahr und radeln weitere 4 Kilometer auf der Landstraße. Hinter dem Campingplatz Schuld können wir die Straße nach schräg rechts kurz verlassen, müssen dabei auf die Wegweiser achten, die leicht zu übersehen sind. Nach 200 Metern landen wir noch einmal auf der **L 73,** die in die **Hauptstraße** übergeht, und der wir noch weitere 800 Meter folgen müssen.

Am Ortsanfang von Schuld sehen wir links die **Landbäckerei Schlösser** 4, wo man auf einen Kaffee und ein Stück Kuchen einen kleinen Stopp einlegen kann. Bei der nächsten Gelegenheit biegen wir schräg links ab. Wir folgen dem Verlauf der Ahrstraße bis wir über eine Fußgängerbrücke die Ahr überqueren können. Nach einem kurzen Anstieg erreichen wir eine Einfamilienhaussiedlung, wo wir links und sofort wieder rechts abbiegen müssen. An der nächsten Abzweigung finden wir Wegweiser, die nach rechts zum **Café-Restaurant Schäfer** 5 und **Restaurant-Café Zur Linde** 6 weisen. Wenn wir ihnen folgen, erreichen wir nach 250 Meter die beiden Lokale direkt nebeneinander im alten Ortskern von Schuld auf einer Bergkuppe. Vom kleinen Gastgarten der Linde hat man einen fotogenen Ausblick auf den unteren Ortsteil mit seinen Fachwerkhäusern und der alten Steinbrücke über die Ahr.

Über die schöne Bogenbrücke fahren wir, wenn wir wieder zurück bis zur letzten Abzweigung radeln und dort die Fahrt nach rechts fortsetzen. Ein Blick auf die Karte zeigt uns, dass Schuld im Innern einer Ahrschleife liegt. Die Bahnlinie führt durch einen Tunnel durch den Berg in der Ortsmitte und überquert danach auf einer Brücke den Fluss. Schade, dass die seit 20 Jahren dauernden Planungen für einen Ausbau zum Radweg wohl auch weiterhin erfolglos bleiben werden.

*In Schuld kann man eine schöne 16 Kilometer lange Rundwanderung entlang des **Geopfads** durch das Ahrtal beginnen, vorbei an steilen Hängen und Felsen und schönen Aussichtspunkten. Zahlreiche Infotafeln erklären geologische Gegebenheiten.*

Nach Überquerung der Brücke halten wir uns links und fahren dann leicht bergauf. Am Ortsende geht die Straße in einen Feldweg über, von dem wir bei der nächsten Möglichkeit rechts abbiegen und dabei die alte Bahntrasse überqueren. Danach biegen wir sofort wieder links ab und folgen dem Weg am Feldrand parallel zur Bahntrasse. Nach gut 300 Metern können wir wieder auf dem Bahndamm weiterfahren. Nach einer lang gezogenen Linkskurve kommen wir zu einer Schutzhütte, die sich als Bergbau Informationsstätte **Goldloch** (7) herausstellt. Um zu erfahren, was es damit auf sich hat, müssen wir die Tafeln lesen. Demnach befinden sich hier drei Eingänge zu alten Bergwerkstollen, in denen sich im Krieg Menschen in Sicherheit brachten und später noch Kinder spielten.

Goldloch

Beim Bau der Informationsstätte wurden die Mundlöcher verschlossen.

Am Ortsrand von Insul treffen wir auf eine Straße, die kurz danach eine Rechtskurve beschreibt. An der nächsten **Abzweigung** müssen wir laut Beschilderung links abbiegen, um nach 1,5 Kilometern Dümpelfeld und damit das Ende der Radtour zu erreichen. Wenn wir hier stattdessen geradeaus der **Brückenstraße** folgen, die uns erwartungsgemäß über die Ahr bringt, dann rechts abbiegen, erreichen wir das **Landhotel Ewerts** (8), das von der Straßenseite nicht vielversprechend aussieht. Auf der Rückseite des Hauses entdecken wir aber ein kleines Paradies – ein Gastgarten auf grünem Rasen im Schatten großer Bäume direkt am Flussufer der Ahr, einfach ein Traum, den wir hier gerne träumen wollen und uns niederlassen.

Tunnel bei Schuld

Wieder zurück auf dem Ahr-Radweg führt der Weg rechts an der alten Bahntrasse entlang, die schließlich eine Rechtskurve beschreibt und auf einer Brücke die Ahr überquert. Wir fahren stattdessen unter der Brücke entlang und erreichen an der nächsten Kreuzung bei einer weiteren Brücke das Ende unserer Tour. Hier befinden wir uns inmitten des Gleisdreiecks bei Dümpelfeld, über das die Züge in Richtung Norden nach Remagen, Richtung Süden nach Adenau und Richtung Westen nach Hillesheim und Jünkerath fuhren.

Wenn wir die Brücke benutzen und danach rechts abbiegen, erreichen wir entlang der Bahntrasse der Ahrtalbahn die Ortsmitte von Dümpelfeld, wo das **Gasthaus Strohe** (9) noch eine letzte Einkehrmöglichkeit bietet, in der man die Tour ausklingen lassen kann.

Mittlere Ahrtalbahn

Unsere Fahrradtour von Ahrdorf nach Dümpelfeld folgt dem zweiten Abschnitt der Bahnlinie Lissenfeld–Dümpeldorf, auch mittlere Ahrtalbahn genannt (deren erster Abschnitt wird in Tour 11 beschrieben). Sie ist Teil des Ahr-Radwegs, der an der Quelle in Blankenheim beginnt und den gesamten Verlauf der Ahr bis zur Mündung in den Rhein begleitet. Die ursprüngliche 1888 eingeweihte eingleisige Strecke der Ahrtalbahn, die 1912 auf zwei Gleise erweitert wurde, führte von Remagen über Dümpelfeld, wo sie das Ahrtal verlässt, bis Adenau. Ebenfalls 1912 wurde die in Dümpelfeld abzweigende Bahnlinie nach Lissenfeld eröffnet, um eine Verbindung zur Vennbahn herzustellen. Dabei entstand in Dümpelfeld ein Gleisdreieck. Noch heute kann man es sehen, besonders gut aus der Luft oder auf Satellitenbildern. Nur mit dem Rad kann man es nicht befahren. Nach dem Zweiten Weltkrieg musste das zweite Gleis abgebaut und als Reparationszahlung nach Frankreich geliefert werden, weshalb die im Krieg zerstörten Brücken nur eingleisig wiederhergestellt wurden. Die mittlere Ahrtalbahn Dümpelfeld–Lissendorf stellte 1973 ihren Dienst ein.

Ommelbachtal
Wershofen
Ohlenhard
Schuld
Dümpelfeld
Insul
Armuthsbach
L 75
L 74
Dreisbach
Ahr
L 73
Eichenbach
Fuchshofen
Winnerath
Niederadenau
Lückenbach
K 16
K 5
K 17
257
K 7
Aremberg
Antweiler
Reifferscheid
Leimbach
K 6
Rodder
Adenauer Bach
Müsch
Adenau
K 5
Dorsel
Honerath
Hauptstraße
258
Uedelhoven
Wirft
Trierbach
Hoffeld
L 10
Ahrdorf
P

Alles auf einen Blick

WIE & WANN:

Großenteils autofrei und asphaltiert. Zwischen Fuchshofen und Schuld muss 4,5 Kilometer auf der befahrenen Landstraße L 73 gefahren werden. Auf der gesamten Strecke insgesamt Gefälle von etwa 120 Metern, abseits der Bahntrasse kleinere kurze Steigungen. Wegmarkierung Ahr-Radweg. Rad- & WanderBus Oberes Ahrtal (Linie 899) verkehrt im Ahrtal zwischen Blankenheim und Ahrbrück. (Info und Reservierung unter www.radbusse.de)
Ganzjährig befahrbar, beste Radelzeit Mai bis Oktober

HIN & WEG:

Auto: Parkplatz Hubertusstraße/Bahnhof Ahrdorf, 53945 Ahrdorf (GPS: 50.369797, 6.788861)
ÖPNV: keine Bahnverbindung, Fahrradbus Oberes Ahrtal (Linie 899)

Entspannung ★★★★★
Genuss ★★★☆☆
Romantik ★★★★☆

ESSEN & ENTSPANNEN:

Sion´s Eifeler Räucherkammer ❶ Ahrstraße 17, 53533 Müsch, Tel. (0 26 93) 93 00 33, www.von-ser.de
Pizzeria da Paolo ❷ Ahrtalstraße 22, 53533 Antweiler, Tel. (0 26 93) 93 34 33
Landbäckerei Schlösser ❹ Hauptstraße 22, 53520 Schuld, Tel. (0 26 95) 8 36
Café-Restaurant Schäfer ❺ Schulstraße 2, 53520 Schuld, Tel. (0 26 95) 3 40, www.hotel-schaefer-schuld.de
Restaurant-Café Zur Linde ❻ Hauptstraße 2, 53520 Schuld, Tel. (0 26 95) 2 01, www.hotel-linde-schuld.de
Landhotel Ewerts ❽ Ahrstraße 13, 53520 Insul, Tel. (0 26 95) 3 80, www.hotel-ewerts.de
Gasthaus Strohe ❾ Hauptstraße 14, 53520 Dümpelfeld, Tel. (0 26 95) 93 10 93, www.gasthaus-strohe.de

ENTDECKEN & ERLEBEN:

Laufenbacher Hof ❸ **Goldloch** ❼

Burg Sommerau

Wir haben eine wunderschöne Fahrt durch zunächst ländliches Gebiet und radeln dann lange durch einsame Wälder und das abgeschiedene obere Ruwertal – zunächst fast ohne Einkehrmöglichkeiten. Erst im letzten Fünftel der gesamten Strecke kommen wir an Lokalen vorbei, wo wir einen kleinen Stopp einlegen können. Deshalb sollten wir Zutaten für ein Picknick mitnehmen, sodass wir es uns nach Bedarf auf einem der zahlreichen Rastplätze gemütlich machen können. Dazu gibt es in unmittelbarer Nähe des Startpunkts beim Bahnhof in Hermeskeil die schöne moderne **Bäckerei Gillen** 1 mit Café, in der man sich mit Sandwiches und anderen Leckereien eindecken, aber auch schön frühstücken kann.

Rechts vom Bahnhof befindet sich auch der Zugang

> *Ein großer Teil der Trasse führt von der Mosel durch das Ruwertal, in dessen unterem Teil Weinbau betrieben wird, langsam hinauf durch den Hochwald im südwestlichen Teil des Hunsrücks nach Hermeskeil.*

Romantik pur

Durch den Hunsrück an die Mosel

zum **Dampflok-Museum Hermeskeil** 2. Es öffnet 10 Uhr. Beim Blick über den Zaun ist leider nicht viel zu erkennen. Hier am rechten Ende des Bahnhofs beginnt unsere Tour auf dem Ruwer-Hochwald-Radweg. Gleich auf den ersten Metern überqueren wir noch in Hermeskeil die **B 52** über die alte, frisch sanierte Brücke und fahren unmittelbar parallel zur hier noch vorhandenen Gleisanlage weiter. Nach einigen Hundert Metern wechselt der Radweg auf die linke Seite der Gleise und teilt sich mit ihnen die Trasse. Nach 2,5 Kilometern kommen wir an eine Gabelung, an der unser Weg eine Linkskurve beschreibt, während die Gleise geradeaus im Unterholz verschwinden. Es handelt sich dabei um Schienen der Hunsrückquerbahn, die in Langenlons-

Ruwer-Hochwald-Radweg

heim bei Bad Kreuznach von der Nahetalbahn abzweigt und über Simmern nach Hermeskeil führt.

Kurz darauf unterqueren wir die **B 407,** dann die **A 1** und fahren anschließend ein kurzes Stück neben der B 407 entlang. Während es bislang ganz leicht bergauf ging, können wir schon bald die Räder leicht talwärts gen Reinsfeld laufen lassen. Auf dem ehemaligen Bahnhofsgelände treffen wir auf einen recht großen mit einem Zeltdach beschatteten Rastplatz.

Nachdem wir Reinsfeld hinter uns gelassen haben, schlängelt sich die Bahntrasse durch den Hochwald mit seinen vielen Nadelbäumen. Bald haben wir den höchsten Punkt der Tour erreicht. Wie schön, dass es jetzt nur noch bergab oder fast eben dahingeht und wir ohne Anstrengung die immer eindrucksvoller werdende Natur um uns herum genießen können.

Bevor wir in das Ruwertal und seine abgeschiedene Idylle abtauchen, kommen wir an Kell am See und dort am **Hotel zur Post** ③ vorbei, wo man im Restaurant gut eine Pause einlegen kann. Direkt gegenüber befindet sich die Tourist-Information, hier gibt es nicht nur viele Prospekte über die Region, sondern auch eine Steckdose zum Laden von E-Bikes.

Nachdem wir die Firma Bilstein in Niederkell passiert haben, verabschieden wir uns bis auf Weiteres von der modernen Welt und tauchen ein in den romantischen Wald im immer tiefer und enger werdenden Ruwertal. Im Wald verliert sich die Bahntrasse anscheinend im Nirgendwo. Wir werden aber auf gut beschilderten und asphaltierten Waldwegen weitergeleitet, bis wir nach etwa 2 Kilometern die Trasse wieder erreichen.

Schließlich erreichen wir kurzzeitig wieder die Zivilisation. Beim Örtchen Hentern weist uns eine Tafel

Für die Seele

Von den Höhen des Westerwaldes durch einsame, romantische Täler und Wälder gemütlich bergab radeln zu den Weinlagen der Ruwer.

am Wegesrand auf eine Pflanzenkläranlage hin. Was für den Betrachter nur wie mit Schilf bewachsene Becken aussieht, ist tatsächlich eine Kläranlage, in der Abwasser mehrere unterschiedliche Filterbecken durchwandert und letztlich gereinigt in die Ruwer fließt. Nach diesem Abstecher in die Welt der Kläranlagentechnik bringt uns der Radweg wieder zurück in den märchenhaften Wald, der das Ruwertal verzaubert. Vor uns liegt einer der schönsten Radwege, die man sich vorstellen kann.

Wir treffen auf ein kleines Sträßchen, an dem ein Wegweiser nach links nach Lampaden weist. Wenn wir hier stattdessen rechts abbiegen, wird nach wenigen Hundert Metern der Blick auf die märchenhafte

Burg Heid (4) frei. Die Straße führt direkt darauf zu. Nur leider ist die Burg nicht zu besichtigen. Trotzdem lohnt der kurze Abstecher, um einen Blick auf die romantische Burg, die erst gut 200 Jahre alt ist, zu werfen.

Zurück auf dem Radweg passieren wir das Gelände der alten Bahnstation und tauchen wieder in den dichten Wald ein. Zweimal überqueren wir in einer Talschleife die Ruwer, die hier so dicht zugewachsen ist, dass wir sie nicht sehen, sondern nur plätschern hören können. Im weiteren Verlauf überqueren wir noch mehrmals den Bach im dichten „Urwald“. Das Tal wird immer enger, die Hänge immer steiler. Wir ahnen wie schwierig der Bau der Trasse seinerzeit mit den wenigen zur Verfügung stehenden technischen Hilfsmitteln gewesen sein muss.

Durch den Bau der Bahnlinie war in Gusterath-Tal Industrie entstanden, die Erzwäsche betrieb. Um die Jahrhundertwende wieder aufgegeben, standen die Fabrikgebäude zunächst leer, bevor der Kölner Schuhfabrikant seine Schuhfabrik Romika hier gegründet hat.

Plötzlich kreuzt der Weg eine Landstraße bei **Pluwig-Hammer,** die Zivilisation hat uns wieder. Teilweise von einer kaum befahrenen Straße begleitet, fahren wir weiter durch das Tal, bis wir am **Gasthaus Reh** (5) halten, das an Wochenenden bereits zu Mittag geöffnet hat. Es ist unsere erste Einkehrmöglich seit vielen Kilometern.

Hier befinden wir uns im ehemaligen Werksgelände der Traditionsschuhfabrik Romika, die hier in Gusterath-Tal ihre Produktionsstätte hatte. Wenn wir vom

Burg Heid

Radweg beim Gasthof links abbiegen und auf der alten Werkstraße ein Stück talaufwärts fahren, sehen wir zwischen den verschiedenen heute anderweitig genutzten Werksgebäuden das 1929 gebaute vierstöckige **Romika Konfektionsgebäude** (6), ein schönes Beispiel der Industriearchitektur der Moderne. Leider ist es sehr heruntergekommen und wartet auf seine Wiederentdeckung und Sanierung.

Zurück auf dem Radweg erreichen wir nach weniger als 1 Kilometer das Örtchen **Sommerau** (7) mit Burgruine, auf das wir von der Bahnbrücke aus einen Blick werfen können. Unserer Meinung nach genügt das, da der Ort nicht halb so malerisch ist, wie in Reiseführern beschrieben und wie er sein könnte, wenn die historischen Gebäude nicht so konsequent verunstaltet worden wären.

Wir fahren stattdessen 250 Meter weiter zum **Gut Sommerau** (8), ein Weingut mit italienischem Restaurant. Seine Weinreben wachsen in Steillage direkt hinter dem Haus. Von hier aus kann man, wenn man möchte, dem Dorf doch noch einen Besuch abstatten.

Römische Wasserleitung

Der Ruwerwein stammt aus den Weinlagen des unteren Ruwertals, dem kleinsten Bereich des Weinbaugebiets Mosel, das bis 2007 Mosel-Saar-Ruwer hieß. Hier wird zu 90 Prozent Riesling angebaut, der hier wunderbar auf den steilen Lagen mit Schieferböden gedeiht.

Nach etwa 2,5 Kilometern erreichen wir eine gedeckte Brücke, die über die Ruwer führt. Nach 300 Metern führt ein ganz kurzer, steiler Abstecher nach links zur Landstraße. Auf der gegenüberliegenden Seite erkennen wir auf einem Parkplatz unter einem Holzdach den Nachbau einer **Römischen Wasserleitung** ⑨, der wir kurz einen Besuch abstatten. Mit solch einer Wasserleitung wurde zu Zeiten des Römischen Reichs Wasser von der Ruwer nach Trier geleitet.

Ein kurzes Stück weiter passieren wir Waldrach, wo am Radweg ein weiteres Stück der Römischen Wasserleitung zu sehen ist. Hinter dem Ort bedecken steile Weinberge die Talhänge. Im nächsten Ort, Kasel, tangiert unsere Bahntrasse die Bahnhofstraße. Hier neben der Touristinformation kann man an einer Steckdose sein E-Bike laden, während man zum Beispiel gegen-

Waldrach

über im **Schnitzel-Haus** ⑩ einkehrt. Wenn man es weniger deftig mag, kann man auch direkt daneben in der Weinstube Neuerburg regionale Weine genießen.

Wenige Hundert Meter weiter bei Mertesdorf erhebt sich vor uns ein weiterer steiler Weinberg, der zum **Weingut Maximin Grünhaus** ⑪ gehört. Das Gut mit dem Schloss Grünhaus können wir über einen Linksabzweig schnell erreichen.

Wieder zurück auf dem Radweg befinden wir uns nun fast auf der Zielgeraden, über die wir noch 1,5 Kilometer rollen und damit am früheren Bahnübergang an der **Ruwerer Straße** ans Ende des Bahntrassenradwegs Ruwer-Hochwald kommen. In unmittelbarer Nähe befindet sich vor dem alten Bahnhofsgebäude die Haltestelle des Fahrradbusses. Sollte man noch Zeit haben, bis der gebuchte Bus abfährt, kann man im Ortskern von Ruwer noch ein Eis essen oder im **Casa Verde** die Tapaskarte studieren.

Weingut Maximin Grünhaus

Die Hochwaldbahn

Die Hochwaldbahn, auch Ruwertalbahn genannt, führte als Bahnlinie von Trier durch das Ruwertal über Hermeskeil bis Türkismühle, wo sie nach 73 Kilometern Anschluss an die Nahetalbahn nach Bingen hatte. Sie wurde am 15. August 1889 eröffnet. Der Personenverkehr zwischen Hermeskeil und Türkismühle wurde schon 1969 eingestellt, während der Güterverkehr noch bis 2000 aufrechterhalten wurde. Der Personenverkehr auf der restlichen Strecke wurde 1981 bzw. 1984 aufgegeben.

Ruwer
Pfalzel
Mertesdorf
Kasel
Trier-Nord
Trier
Waldrach
Morscheid
Korlingen
Riveris
Gutweiler
Sommerau
Hockweiler
Gusterath
Riveris-Talsperre
Willmerich
Bonerath
Franzenheim
Holzerath
Schöndorf
Ollmuth
Hinzenburg
Wiltingen
Lampaden
Heddert
Paschel
Ruwer
Kell am See
Schömerich
Schillingen
Hentern
Ockfen
Baldringen
Waldweiler
Mosel
Fell
Thomm
Lorscheid
Herl
Osburg
Farschweiler
Bescheid
Beuren (Hochwald)
Hinzert-Pölert
Reinsfeld
Thalfang
Hilscheid
Geisfeld
Rascheid
Malborn
Abtei
Thiergarten
Damflos
Hermeskeil
Züsch
Gusenburg
Grimburg
Talsperre Nonnweiler
Nonnweiler
L 150
L 148
L 149
L 144
L 143
L 139
L 138
L 146
K 75
K 76
L 166
K 100
L 165
K 102
L 151
L 147
64
51
49
602
53
1
52
327
407
268
DB

Alles auf einen Blick

WIE & WANN:

Durchgehend autofrei und auf der Bahntrasse, sehr gut asphaltiert, nur leichtes Gefälle außer 8 Kilometer leichte Steigung. Fahrradbus (Linien 200 und 222) von Mai bis Oktober an Wochenenden und tägl. in den Ferien von Trier über Ruwer nach Hermeskeil, vorher online reservieren (www.radbusse.de). Ganzjährig befahrbar, beste Radelzeit Mai bis Oktober

HIN & WEG:

Auto: Parkplatz am Bahnhof, 54411 Hermeskeil (GPS: 49.65727, 6.93255)
ÖPNV: Hbf. Trier, Radbusse Linien 200 und 222 nach Hermeskeil

ESSEN & ENTSPANNEN:

Bäckerei Gillen ❶ Bahnhofstraße 1, 54411 Hermeskeil, Tel. (0 65 03) 9 81 89 19, www.baeckerei-gillen.de
Hotel zur Post ❸ Hochwaldstraße 2, 54427 Kell am See, Tel. (0 65 89) 91 71-0, www.postkueche.de

Entspannung ✱✱✱✱✱
Genuss ✱✱✱✱✱
Romantik ✱✱✱✱✱

Gasthaus Reh ❺ Am Bahnhof 1, 54317 Gutweiler, Tel. (0 65 88) 4 35, www.gasthaus-reh.de
Gut Sommerau ❽ Bachweg 3, 54317 Sommerau, Tel. (0 65 88) 9 87 88 58, www.gut-sommerau.de
Schnitzel-Haus ❿ Bahnhofstraße 3, 54317 Kasel, Tel. (0 6 51) 9 95 04 35, www.haus-der-ruwer.de
Weingut Maximin Grünhaus ⓫ Maximin Grünhaus 1, 54318 Mertesdorf, Tel. (0 651) 51 11, www.maximingruenhaus.de
Casa Verde ⓬ Hermeskeiler Straße 1, 54292 Trier-Ruwer, Tel. (0 6 51) 9 95 43 00

ENTDECKEN & ERLEBEN:

Dampflok-Museum Hermeskeil ❷ Bahnhofstraße 20, 54411 Hermeskeil, Tel. (0 65 03) 12 04, www.dmhk.de
Burg Heid ❹
Romika Konfektionsgebäude ❻ Romikastraße 91, 54317 Gutweiler
Sommerau ❼
Römische Wasserleitung ❾

Oberhausen an der Nahe

- 19 Kilometer
- 60 Höhenmeter
- 2–3 Stunden
- Streckentour

Wir beginnen unsere Fahrt auf dem Parkplatz am westlichen Stadtrand von Bad Münster am Stein am Nordufer der Nahe. Radler, die mit der Bahn in Bad Münster eintreffen, fahren am besten die Berliner Straße ein Stück nach links, wo sie dann vor der Eisenbahnbrücke nach rechts den Radweg am Naheufer erreichen und dort rechts abbiegen. Man folgt ab dort der Beschilderung des Nahe-Radwegs und kommt dabei am **Kurmittelhaus & Café** 1 vorbei. Wer sich vor der Tour noch stärken will, kehrt ein. Weiter den Schildern folgend wird man von der Kurpromenade weggeleitet und trifft bald wieder auf das Naheufer, an dem man entlangradelt. Schließlich sieht man Richtung Friedensbrücke fahrend nach den letzten Wohnhäusern rechts den relativ großen Parkplatz liegen. Hier

Wasser und Wein

Von der Nahe zum Glan

steigen wir ein, da wir mit dem Auto angereist sind.

Vom Parkplatz aus fahren wir auf dem Radweg am Naheufer nach rechts und erreichen eine Straße, an der wir nach links über die **Friedensbrücke** fahren. Auf der Brücke halten wir kurz, um ein Foto von der rötlichen sich im Wasser der Nahe spiegelnden Felswand des **Rotenfels** 2 zu machen. Wenn wir in die andere Richtung schauen, sehen wir die Ebernburg, die ebenfalls ein Foto wert ist.

Die Friedensbrücke war ursprünglich eine Eisenbahnbrücke der Glantalbahn, die nur 100 Meter von hier von der heute noch aktiven Nahetalbahn abzweigte, um am gegenüberliegenden Ufer parallel zur Nahetalbahn weiterzuführen. Deshalb gelangen wir

Zwischen Bad Kreuznach und Bad Münster am Stein treten salzhaltige Quellen aus. Ab 1720 entstanden in beiden Orten Gradierwerke zur Gewinnung von Speisesalz. Sie sind heute Denkmäler der Salzgewinnung. 1817 wurden Sole-Trinkkuren und -Badekuren eingeführt.

am anderen Ende der Brücke geradeaus auf den Bahntrassenradweg, während die Straße einen Schlenker nach links machen muss.

Der Radweg ist auf der Trasse geschottert. Vorbei an einem Feuchtgebiet mit quakenden Fröschen führt der Weg durch schattigen Wald entlang eines Berghangs. Am Wegesrand tauchen immer wieder alte Kilometersteine auf. Kurz nach einem Wasserkraftwerk müssen wir die Bahntrasse leider verlassen, um einen Kanal zu überqueren. An einem **Wehr,** das die Nahe aufstaut, fahren wir zunächst nach rechts. Am Ende des Wehrs biegen wir links auf die Straße ab und radeln am Ufer des Stausees entlang. Die alte Bahntrasse am gegenüberliegenden Ufer gehört heute zu einem Naturschutzgebiet, das nicht betreten werden darf.

Im Weinanbaugebiet der Nahe mit seinen Nebenflüssen Glan und Alsenz wird schon seit der Römerzeit Wein angebaut. Heute wachsen hier in erster Linie die Rebsorten Riesling, Müller-Thurgau, Dornfelder und Silvaner. Davon sind 75 Prozent Weißweine und 25 Prozent Rotweine.

Ab dem Ortsende von Niederhausen können wir den Radweg am rechten Straßenrand benutzen. Gute 800 Meter weiter erreichen wir eine Abzweigung, die rechts die Nahetalbahn unterquert. Wir können einen Abstecher zum **Restaurant Hermannshöhle** ③ machen, indem wir hier noch 600 Meter geradeaus weiterfahren. Das Restaurant wird wegen seiner ausgezeichneten Küche allgemein sehr gelobt. Wir müssen an dieser Stelle aber in jedem Fall in Richtung Schlossböckelheim abbiegen und einer schmalen Straße hinter der Brücke nach links folgen. Hier wird uns viel Muskelkraft abverlangt, da der Weg recht steil über die Weinberge führt. Während sich rechts von uns endlose Rebhänge erstrecken, haben wir einen herrlichen Blick auf das unter uns liegende Örtchen Oberhausen an der

Für die Seele

Durch Talauen und Weinberge radeln wir entlang der Nahe zur geheimnisvollen Klosterruine Disibodenberg.

Nahe, seine schöne alte Brücke über den Fluss und auf das gesamte Nahetal, das idyllisch vor uns liegt.

Nach dem steilen Anstieg geht es rasant über einige Serpentinen durch die Weinberge wieder bergab. Unten geht es zwischen Bahnlinie und dem grünen Naheufer weiter, bis am Wegesrand wie eine Oase das malerische **Landhotel Niederthäler Hof** ④ auftaucht. Hier müssen wir einfach einkehren und im Gastgarten im Baumschatten eine Pause einlegen.

Weiter geht es auf dem schmalen, kaum von Autos befahrenen Sträßchen bis zu einer **T-Kreuzung,** an der wir links abbiegen. An der nächsten Kreuzung fahren wir schräg links, weiter parallel der Bahnlinie, unterqueren aber schon nach knapp 100 Metern die Bahn.

Ab hier, direkt bei einem schönen Picknickplatz am Ufer, führt ein Radweg weiter entlang der Nahe. Vorbei an kleinen Privatgrundstücken nähert sich der Weg der **Nahetalbahnlinie,** neben der er weiterführt. Während die Bahnlinie in einem Tunnel verschwindet, fahren wir weiter über Felder bis zu einer Kläranlage, wo wir an einer T-Kreuzung rechts abbiegen. Dicht führt unser Weg am Naheufer entlang durch ein kleines Naturparadies.

Wir stoßen wieder auf die Bahnlinie, die hier aus dem **Booser Tunnel** kommt, und erreichen nach gut 300 Metern vor einer Brücke eine Radwegabzweigung. Der Nahe-Radweg führt geradeaus weiter, über den man nach 1 Kilometer den Bahnhof Staudernheim erreicht, von dem man später mit der Nahetalbahn die Rückfahrt zum Ausgangspunkt abkürzen könnte. Wir nehmen die Abzweigung nach rechts, an der der **Glan-Blies-Radweg** beginnt. Der Weg stößt auf Schienen, neben denen wir die Brücke über die Nahe überqueren. Hier fährt schon lange kein Zug mehr. Stattdessen rollen Draisinen über die Gleise, die am Bahnhof Staudernheim starten und bis ins 40 Kilometer entfernte Altenglan fahren können – natürlich auch in umgekehrter Richtung.

Der Glan-Blies-Radweg führt von Odernheim auf den Touren 3 und 4 durch das gesamte Glantal nach Homburg. Danach kann man weiterradeln durch das Bliestal bis an die Saarmündung in Frankreich.

Über die schmale Brücke müssen wir die Räder jedoch schieben. Danach radeln wir auf dem parallelen Weg weiter bis zu einer T-Kreuzung, an der man nach links über eine Brücke die Bahnlinie überquert. Wir biegen jedoch zunächst rechts ab, um das Highlight der Tour, die **Klosterruine Disibodenberg** 5, auf dem Hügel vor uns zu erreichen.

Auf halber Höhe des Berges liegt ein Gehöft, bei dem sich neben einem Museum, das nur am Wochenende geöffnet hat, der ganzjährig geöffnete Zugang durch ein Drehkreuz zum Klostergelände befindet. Ein Pfad führt auf die bewaldete Bergkuppe, auf der wir die Ruinen einer Klosteranlage finden, wie aus einem Gemälde der Romantik entsprungen. Schon zu

Weinanbau am Disibodenberg

Klosterruine Disibodenberg

keltischer Zeit befand sich auf dem Berg ein Heiligtum. Im 2. Jahrhundert errichteten die Römer einen Jupitertempel, neben dem im 4. Jahrhundert eine römische Siedlung entstand. Der heilige Disibod war ein irischer Mönch, der 650 als Glaubensboote ins Nahetal kam. Am Fuße des Berges fand er am Zusammenfluss von Nahe und Glan eine Quelle, bei der er eine Hütte baute und mit der Missionierung der heidnischen Bevölkerung begann. Nach Disibods Tod entstand eine kleine Klosteranlage, die nach wiederholten Überfällen von Normannen und Ungarn im 10. Jahrhundert aufgelöst wurde. Ab 1008 entstand eine Frauenklause, in der auch Hildegard, die spätere Heilige Hildegard von Bingen, einzog und ihr Gelübde abgab. Im 13. Jahrhundert übernahmen Zisterzienser das Kloster und brachten es zu neuer Blüte. Der Dreißigjährige Krieg und der Pfälzische Erbfolgekrieg trugen dazu bei, dass das Kloster Ende des 18. Jahrhunderts aufgegeben wurde und danach als Steinbruch diente.

Die Nahe

Wir streifen durch die riesige Klosteranlage, staunen über alte Bäume, die sich mit ihren Wurzeln an Mauerresten festklammern, und über eingestürzte Gewölbe. Es dauert lange, bis wir uns sattgesehen haben und wieder auf die Räder steigen, um den Berg hinunterzufahren.

Wir radeln über die Brücke und halten uns danach rechts. Hinter einem Bogen, den der Weg beschreibt, fließt der Glan in die Nahe, die Stelle, die es dem heiligen Disibod angetan hatte. Wir treffen auf den **Glan** und überqueren die Draisinenbahn. Rechts fallen die steilen, teils aufgelösten, Weinbergterrassen auf. Wir

!

Der 1904 gebaute Kinnfelstunnel zwischen Odernheim und Bad Münster ist der längste von drei Tunneln der Glantalbahn. Er ist immer noch begehbar und wird vielleicht eines Tages mit Rädern befahrbar sein.

Blick vom Disibodenberg

passieren eine restaurierte Mühle, fahren am Mühlengraben weiter und überqueren abermals die Bahnlinie bei einer Brücke über den Glan. Genau nach 220 Metern überqueren wir kaum merklich die ehemalige Bahntrasse der Glantalbahn, die von hier weiter nach Bad Münstereifel führte und auf deren Trasse wir zu Beginn der Radtour fahren konnten. 150 Meter rechts von uns entfernt gabelte sich die Bahnlinie nach Staudernheim und Bad Münster.

Wir fahren geradeaus in den **Kirchweg** von Odernheim am Glan und treffen auf die **Hauptstraße,** auf die wir links abbiegen. Nach 30 Metern führt rechts der **Glan-Blies-Radweg** weiter, der in diesem Buch unter Tour 3 beschrieben ist. Wir fahren jetzt aber über die Brücke, folgen der Hauptstraße in den alten Ortskern. Wir entdecken das sympathische Café **Augenweide 6,** das erst 2019 eröffnet hat. Hier kommen wir mit Einheimischen ins Gespräch und stärken uns für die Rückfahrt oder die Weiterfahrt auf dem Glan-Blies-Radweg.

Die Touren 14, 3 und 4 mit insgesamt 95 Kilometern ind so beschrieben, dass sie nacheinander in einer Zweitagestour gefahren werden können. Die Rückfahrt ist mit der Bahn von Homburg nach Bad Münster am Stein möglich

Die Glantalbahn

Die Glantalbahn war eine 109 Kilometer lange Bahnlinie, die von Homburg durch das gesamte Glantal bis nach Bad Münster am Stein führte. In Odernheim gabelte sie sich, wobei die eine Linie am Bahnhof Staudernheim Anschluss an die Nahetalbahn hatte und die andere Linie entlang des rechten Naheufers parallel zur Nahetalbahn auf der gegenüberliegenden Flussseite nach Bad Münster am Stein führte, bevor sie am Stadtrand über die Friedensbrücke führte und kurz vor dem Bahnhof in das Gleisbett der Nahetalbahn mündete. Der Abschnitt Odernheim–Bad Münster am Stein wurde mangels Nachfrage schon 1961 stillgelegt. Auf dem Abschnitt Staudernheim–Altenglan wurde auf Initiative der Tourismusverbände im Jahr 2000 die Draisinenbahn auf der noch vorhandenen Gleisanlage installiert.

Bad Kreuznach
Hüffelsheim
Traisen
Norheim
Bad Münster am Stein-Ebernburg
Waldböckelheim
Schloßböckelheim
Niederhausen
Oberhausen an der Nahe
Oberstreit
Boos
Staudernheim
Duchroth
Altenbamberg
Feilbingert
Lüsserttal
Odernheim am Glan
Hallgarten
Hochstätten
Nahe
Alsenz
Glan
Hagenbach
L 108
L 234
L 235
L 236
L 378
L 379
K 56
K 57
K 58
K 59
K 60
K 61
K 78
K 80
K 81
K 83
K 85
K 86
41
48
420
DB
P
1
2
3
4
5
6

Alles auf einen Blick

WIE & WANN:

Teilweise auf Straßen mit wenig Autoverkehr, großenteils asphaltiert, eine starke Steigung auf 1 Kilometer. Rückfahrt mit Nahetalbahn ab Staudernheim möglich. Ganzjährig befahrbar, beste Radelzeit Mai bis Oktober

HIN & WEG:

Auto: Parkplatz, Bad Münster am Stein (GPS: 49.81102, 7.83998)
ÖPNV: Bf. Bad Münster am Stein (RB), von dort über Nahe-Radweg zum Parkplatz

ESSEN & ENTSPANNEN:

Kurmittelhaus & Café ❶ Salinenhof 2, 55583 Bad Kreuznach
Restaurant Hermannshöhle ❸ Hermannshöhle 1, 55585 Niederhausen, Tel. (0 67 58) 64 86, www.hermannshoehle-weck.de
Landhotel Niederthäler Hof ❹ Niederthäler Hof 1, 55596 Schloßböckelheim, Tel. (0 67 58) 96 93 91, www.landhotel-niederthaeler-hof.de

Entspannung ★★★★★
Genuss ★★★☆☆
Romantik ★★★★☆

Café Augenweide ❻ Hauptstraße 3, 55571 Odernheim am Glan, Tel. (0 67 55) 28 10 28, cafe-augenweide.business.site

ENTDECKEN & ERLEBEN:

Rotenfels ❷
Klosterruine Disibodenberg ❺

- 16 Kilometer
- 80 Höhenmeter
- 1,5–2,5 Stunden
- Streckentour

Prümtal

Wir starten unsere Radtour auf dem leicht erreichbaren, kostenlosen Parkplatz an der **B410** am Ortsrand von Prüm. Auch wenn wir beim Start unserer Tour die Stadt hinter uns lassen, sollten wir nicht versäumen zuerst – oder nach unserer Rückkehr – einen Abstecher in die nur 1 Kilometer entfernte Stadtmitte mit ihrer prächtigen Barockabtei mit **Sankt-Salvator-Basilika** ❶ und das **Museum Prüm** ❷ zu machen. Zum tausendjährigen Bestehen der Abtei wurde 1927 mit dem barocken Neubau begonnen, wobei der alte Baukörper der Basilika weitgehend mitverwendet wurde. Vielleicht fehlt auch deshalb der Kirche das für das Barock typische Opulente. Trotzdem birgt sie im Innern einige beeindruckende und äußerst sehenswerte Details wie das wertvolle geschnitzte Chorgestühl von

Entspannt im Tal

Durch das sanfte Tal der Prüm

1731, die Orgel eines Schülers von Balthasar Neumann, die Kanzel aus dem 17. Jahrhundert, Sandsteinfiguren am Eingang und in der linken Turmkapelle. Im Chor befindet sich das Grab Kaiser Lothars I. Der 1729 zum Kurfürsten von Prüm ernannte Georg von Schönborn engagierte den berühmten Architekten Balthasar Neumann für den Bau der neuen Klostergebäude. Mit der Gestaltung der Nordfassade, die wir heute noch unverändert sehen können, ist ihm ein großer Wurf gelungen. Für den Abschluss der Stadtbesichtigung empfiehlt sich eine Einkehr in das **Restaurant zur Alten Abtei** ❸.

Direkt am Parkplatz führt der mit dem Prüm-Radweg-Symbol markierte Bahntrassenradweg vorbei,

Das Museum Prüm gehört zu den größten Museen in der Eifel und zeigt auf drei Etagen Exponate der letzten drei Jahrhunderte aus dem kirchlichen, städtischen und ländlichen Leben. Die Entwicklung des Handwerks bildet dabei einen Schwerpunkt.

dem wir nach rechts folgen. Der Weg auf der schnurgeraden Bahntrasse wird von der sich schlängelnden Prüm begleitet. Nach 800 Metern erreichen wir die erste Kreuzung, an der sich ein Abstecher nach links zum **Skulpturenpark Kruft** ④ in Niederprüm anbietet. Im hübschen, fantasievollen Garten im englischen Stil mit Teichen und dem Bachlauf der Prüm stehen zahlreiche Skulpturen des Künstlers und Metallbildhauers Hubert Kruft, der im Ort lebt und arbeitet. Das kleine äußerst geschmackvoll und romantisch angelegte Anwesen strahlt eine unglaubliche Ruhe aus, die zum Verweilen und Abschalten einlädt.

Zurück auf dem Prüm-Radweg fahren wir weiter Richtung Süden durch das relativ breite Tal mit einer

Abtei Prüm

bewaldeten Hügelkette zur Linken. Vor uns sehen wir die immer näherkommende Autobahnbrücke der **A 60,** die auf hohen Betonstelzen das Prümtal überquert. Nach Unterquerung der mächtigen Brückenkonstruktion verlässt der Radweg für einen Augenblick mit einem kleinen Schlenker die Bahntrasse. Danach geht es weiter auf der gerade und eben dahinführenden Trasse Richtung Pronsfeld. Neben uns saftig grüne Wiesen, Schilf und Bäume entlang der sich durch die Auen windenden Prüm.

Nach insgesamt etwa 7 Kilometern bequemer Fahrt auf dem ebenen, breiten, gut asphaltierten Radweg erreichen wir das Bahngelände von Pronsfeld. Hier führt der Weg leicht nach links auf einer parallel zum Bahndamm laufenden kaum befahrenen Straße

Für die Seele

Von der barocken Pracht der Prümer Abtei gleiten wir durch das ebene und mit jedem Kilometer stiller und romantischer werdende Prümtal.

weiter. Unmittelbar hinter dem Wohnmobil-Stellplatz biegen wir scharf rechts und gleich wieder links ab. Wir befinden uns somit wieder auf dem Gelände der alten Gleisanlage und passieren das ehemalige Bahnhofsgebäude. Gleich danach befindet sich ein kleiner Rastplatz mit einem Stromanschluss zum Laden von E-Bikes. Nicht zu übersehen ist das vor uns liegende kleine **Eisenbahnmuseum Pronsfeld** (5), das im Wesentlichen aus einer roten Rangierlok und einem Waggon auf den letzten paar Metern erhaltenen Schienen besteht. Dekorativ aufgestellte Eisenbahnschilder und -signale ergänzen das nette kleine Museum.

Direkt anschließend an das Museum queren wir die **Hauptstraße,** die nach links und für eine Stärkung

!

Für Wohnmobilfahrer bietet sich der ruhig gelegene Stellplatz am Bahnhofsgelände von Pronsfeld als idealer Ausgangspunkt für Sternfahrten auf Bahntrassenradwegen in vier Richtungen an. Es gibt Stromanschlüsse und eine Ver- und Entsorgungsstation.

zum **Ristorante Pizzeria bei Mario** 6 in der Ortsmitte von Pronsfeld führt, das außer dienstags täglich mittags und abends geöffnet hat.

Auf der gegenüberliegenden Seite gabelt sich der Radweg. Während man über den rechten Weg wie seinerseits die Bahn weiter nach St. Vith in Belgien gelangt, führt geradeaus unser Weg ins 16 Kilometer entfernte Waxweiler.

Wir tauchen mit dem Rad in einen Tunnel aus Bäumen und Sträuchern ein und folgen dem Weg weiter durch das Prümtal mit seinem Bachlauf und den grünen Wiesen zur Linken. Nach 400 Metern erkennt man zur Rechten bei genauem Hinsehen den Abzweig einer alten Bahntrasse, die als Stichbahn von hier nach Neuerburg führte. Der erste Abschnitt ist hier nicht als Radweg ausgebaut, weshalb er im Laufe der Zeit vom Unterholz des Waldes erobert wurde.

Prümtal bei Lünebach

Wir folgen weiter dem Radweg bis zu einer kleinen Lichtung, an der wir rechts einen alten Viadukt der Neuerburger Bahnlinie erkennen und einen kleinen Bach überqueren. An der nächsten Gabelung fahren wir dann geradeaus Richtung Waxweiler weiter. Rechts weisen Schilder den Weg zum Bahntrassenradweg nach Neuerburg (der in diesem Buch in Tour 7 beschrieben wird) und zum wenige Hundert Meter entfernten **Eifel-Zoo** **7**.

Der tunnelartig grün bewachsene Weg nimmt uns wieder auf und führt uns weiter bis zum Örtchen Lünebach. Dort stößt der Radweg an eine Landstraße, macht davor aber einen kleinen Bogen nach links und überquert kurz darauf die Straße im rechten Winkel. Danach fahren wir sofort links und kommen wieder auf die Bahntrasse. Wenig später überqueren wir am Ortsrand von Lünebach die **Lichtenborner Straße (B 410)** und verlassen bald darauf das Dorf.

Der Eifel-Zoo wurde 2018 durch ein verheerendes Hochwasser, bei dem viele Tiere starben, stark verwüstet. Seitdem wird er mit neuem Konzept, nach dem mehr einheimische Tiere zu sehen sein werden, wiederaufgebaut. Er hat täglich geöffnet.

Prümtalradweg
bei Waxweiler

Weit entfernt von jeglicher Hektik fahren wir weiter auf dem perfekt ausgebauten Radweg, stets von Schatten spendendem Grün umgeben durch das nun langsam enger werdende Prümtal. Bei Kinzenburg überqueren wir ein kleines **Landsträßchen,** und nach weiteren 2 Kilometern stoßen wir auf eine weitere kleine Straße mit einer roten Schranke gegenüber. Hier sollten wir kurz links abbiegen, um zumindest einen Blick auf den nur wenige Meter entfernten **Landgasthof Heilhauser Mühle** (8) zu werfen. Von außen – direkt vom Hof aus – zu sehen, dreht sich hier unter dem Haus ein Wasserrad. Das Restaurant in der romantischen und abgelegenen Mühle lädt zur Rast im Hof oder im Innern ein. Ein stilvolles Ambiente! Direkt am Bach gelegen, umgeben von alten Bäumen und fern jeder lauten Straße, ist die Mühle sicherlich weit und breit die schönste Einkehrmöglichkeit. Genuss für alle Sinne.

Wasserrad Heilhauser Mühle

Nach gut 1 Kilometer überqueren wir auf der alten Eisenbahnbrücke die hier im engen Tal südwärts fließende Prüm, die hier schon deutlich mehr Wasser führt als am Beginn unserer Tour. Wenige Hundert Meter weiter endet der Bahntrassenradweg an einem kleinen Park- und Rastplatz kurz vor dem alten Bahnhofsgelände, das hier am Ortsanfang von Waxweiler auch das Ende der Bahnlinie markierte.

Entschleunigungstour 15

Ab Waxweiler kann man die Fahrt zu einer zweitägigen Rundtour fortsetzen, indem man dem nun bergig werdenden Prüm-Radweg bis Holsthum folgt und dort auf den Enztal-Radweg abbiegt, über den man ab Neuerburg auf einer Bahntrasse nach Pronsfeld gelangt.

Um die Tour hier nicht im grünen Nirgendwo zu beenden, kann man noch in den etwa 1 Kilometer entfernten historischen Ortskern von Waxweiler fahren. Dazu folgt man der **Bahnhofstraße** am Bahngelände entlang, bis sie in die Hauptdurchgangsstraße **Lünebacher Straße** mündet, von der man nach 250 Metern rechts in die Hauptstraße abbiegen kann, die steil zur Prüm hinunterführt. Dort lohnt noch ein kurzer Blick von der Brücke über den Fluss auf die alten Häuser, was sicher ein malerischer Anblick vor den Modernisierungen in den 60er- und 70er-Jahren war. Im nahe gelegenen **Eiscafé Italia** (9) kann man sich mit einem Eis für die bereits gefahrenen Kilometer belohnen, bevor man die Rückfahrt antritt.

Die Prüm bei Waxweiler

Pronsfeld–Waxweiler

Pronsfeld war von 1886, als die Bahnverbindung Prüm–Pronsfeld–Bleialf als Teil der Westeifelbahn in Betrieb genommen wurde, bis 1907 ein normaler Durchgangsbahnhof. Durch die Eröffnung von zwei Stichbahnen wurde er zu einem Knotenpunkt, von dem auch Züge auf eingleisigen Strecken sowohl ins 25 Kilometer entfernte Neuerburg im Enztal fuhren als auch in das nur 8,5 Kilometer entfernte Waxweiler weiter südlich im Prümtal. Am 7. Juli 1907 wurde mit der Eröffnung des Waxweiler Bahnhofs der Postkutschendienst zwischen Neuerburg–Waxweiler–Pronsfeld eingestellt. Im Zweiten Weltkrieg erlitt die Strecke erhebliche Beschädigungen, sodass der Bahnverkehr nach Waxweiler erst 1949 wieder aufgenommen wurde. Jedoch schon am 1. Januar 1966 wurde der Personenverkehr auf der Stichstrecke eingestellt. Der Güterverkehr wurde bis 1987 betrieben. Die Gleise baute man noch im selben Jahr ab. Der Radweg wurde schließlich 2002 eröffnet.

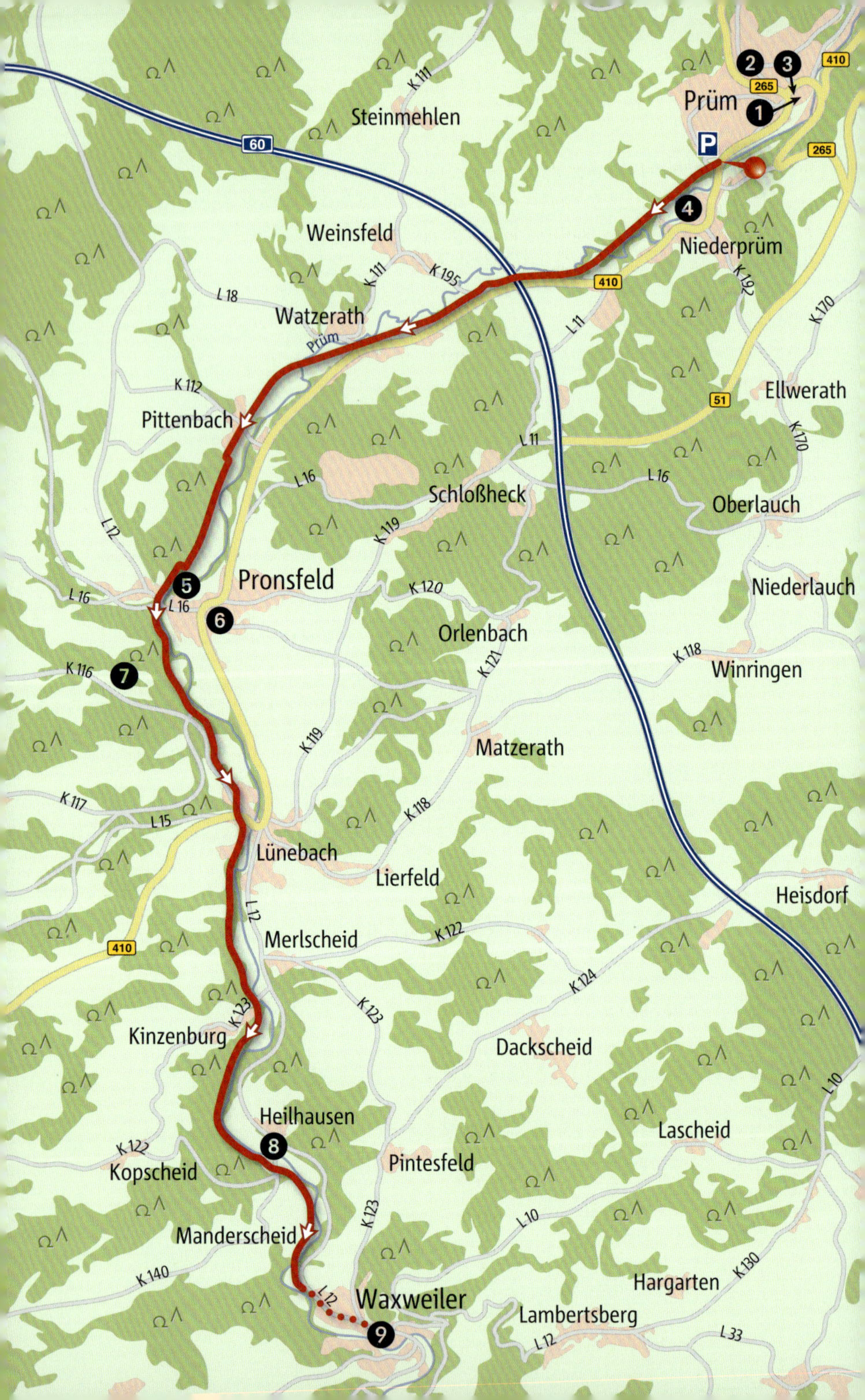

Prüm
Steinmehlen
Weinsfeld
Niederprüm
Watzerath
Prüm
Ellwerath
Pittenbach
Schloßheck
Oberlauch
Pronsfeld
Niederlauch
Orlenbach
Winringen
Matzerath
Lünebach
Lierfeld
Heisdorf
Merlscheid
Kinzenburg
Dackscheid
Heilhausen
Lascheid
Kopscheid
Pintesfeld
Manderscheid
Hargarten
Waxweiler
Lambertsberg
60
410
265
51
K 111
K 195
L 18
K 112
L 11
K 192
K 170
L 16
L 12
K 119
K 120
K 116
K 121
K 118
K 117
L 15
K 122
K 123
K 124
L 10
K 140
K 130
L 33

Alles auf einen Blick

WIE & WANN:

Durchgehend autofrei und asphaltiert auf konstant minimal abfallender Bahntrasse.
Es empfiehlt sich die Rückfahrt auf derselben Strecke bei kaum wahrnehmbarer Steigung.
Teil des rund 100 Kilometer langen Prüm-Radwegs von Stadtkyll bis Minden.
Ganzjährig befahrbar, beste Radelzeit Mai bis Oktober

HIN & WEG:

Auto: Wanderparkplatz Nr. 14, Ecke St.-Vither-Straße/Wenzelbachstraße, 54595 Prüm (GPS: 50.20047, 6.41372)
ÖPNV: Keine Bahnverbindung, kein Radlerbus

ESSEN & ENTSPANNEN:

Restaurant zur Alten Abtei ❸ Hahnplatz 24, 54595 Prüm, Tel. (0 65 51) 23 60, www.zur-alten-abtei.de
Ristorante Pizzeria bei Mario ❻ Lünebacher Straße 1, 54597 Pronsfeld, Tel. (0 65 56) 90 06 15

Entspannung ★★★★★
Genuss ★★★☆☆
Romantik ★★★★★

Landgasthof Heilhauser Mühle ❽ Heilhausermühle 1, 54649 Manderscheid, Tel. (0 65 54) 90 08 42, www.landgasthof-heilhauser-muehle.de
Eiscafé Italia ❾ Luxemburger Straße 21, 54649 Waxweiler, Tel. (0 65 54) 90 02 02

ENTDECKEN & ERLEBEN:

Abtei Prüm mit Sankt-Salvator-Basilika ❶
Museum Prüm ❷ **Tiergartenstraße 54, 54595 Prüm**
Skulpturenpark Kruft ❹ St.-Vither-Straße 62, 54595 Niederprüm, www.skulpturenpark-kruft.de
Eisenbahnmuseum Pronsfeld ❺ Bahnhofstraße, 54597 Pronsfeld
Eifel-Zoo ❼ Reinigseifen 2, 54597 Lünebach/Pronsfeld, www.eifel-tiergarten.de

Die GPS-Daten zu jeder Tour gibt es auf
www.droste-verlag.de

© 2020 Droste Verlag GmbH, Düsseldorf
2. Auflage 2021
Konzeption/Satz: Droste Verlag, Düsseldorf
Einbandgestaltung: Britta Rungwerth, Düsseldorf, unter Verwendung von Bildern von stock.adobe.com: ©SeagullNady; fotolia by Adobe: © 3d_generator, © Andrey Kuzmin, © niroworld, © Nik Merkulov; Schutterstock.com: © Caue de Oliveira Buck, © Nik Merkulov
Fotos: Ernst Wrba
Karten: Thorsten David, Bochum
Druck und Bindung: LUC GmbH, Greven

Alle Angaben in diesem Buch wurden sorgfältig recherchiert und geprüft. Für die Richtigkeit der Angaben, für etwaige Unfälle und Schäden jeglicher Art kann keine Haftung übernommen werden; die Nutzung erfolgt auf eigenes Risiko. Abweichungen, die nach Redaktionsschluss erfolgten, konnten nicht mehr berücksichtigt werden. Hinweise und Änderungen nehmen wir gern entgegen.

MIX
Papier aus verantwortungsvollen Quellen
FSC® C011279
www.fsc.org

ISBN 978-3-7700-2115-4
www.droste-verlag.de